大单元教学在
小学语文课堂中的应用

程石军　著

陕西新华出版

陕西人民美术出版社
SHAANXI PEOPLE'S FINE ARTS PUBLISHING HOUSE
———— 西安 ————

图书在版编目（CIP）数据

大单元教学在小学语文课堂中的应用 / 程石军著.
西安：陕西人民美术出版社，2024. 9. -- ISBN 978-7
-5368-4170-3

Ⅰ. G623.202

中国国家版本馆CIP数据核字第2024FN1670号

责任编辑：任 菁
装帧设计：徽墨文化

大单元教学在小学语文课堂中的应用

DADANYUAN JIAOXUE ZAI XIAOXUE YUWEN KETANG ZHONG DE YINGYONG

作　　者	程石军
出版发行	陕西人民美术出版社
地　　址	陕西省西安市雁塔区登高路1388号
邮政编码	710061
经　　销	新华书店
印　　刷	廊坊市新景彩印制版有限公司
规格开本	710mm×1000mm　1/16
印　　张	11
字　　数	183千字
版　　次	2025年5月第1版
印　　次	2025年5月第1次印刷
书　　号	ISBN 978-7-5368-4170-3
定　　价	70.00元

前言

　　本书旨在深入探讨并系统总结大单元教学在小学语文教育中的应用效果与实施策略。语文教育一直以来都扮演着培养学生综合素养、拓展其思维能力的重要角色，而大单元教学作为一种教学创新方式，引起了社会的广泛关注和研究兴趣。

　　第一章"导论"部分在"大单元教学的研究背景与意义"一节中，详细分析了当前小学语文教育的现状，探讨了传统教学方法在培养学生综合能力方面存在的不足，为研究大单元教学的应用提供了必要的背景。"大单元教学的研究目的与问题"一节，明确了研究的具体目标和需要解决的问题，为后续章节的深入展开奠定了基础。"大单元教学的研究方法与结构"一节，详细介绍了大单元教学的研究方法和结构，明确了研究的科学性和系统性。

　　第二章"大单元教学的基本理念"深入挖掘了大单元教学的定义与内涵，解析了其背后的教育理念。"大单元教学的定义、特点与理论基础"一节，系统地探讨了大单元教学的释义、特点及理论基础。"大单元教学与小学语文课堂的关系"一节，明确了大单元教学与小学语文课堂的内在联系，为后续章节提供了理论支持。

　　第三章"小学语文课堂现状分析"旨在客观评估小学语文课堂的现状，深入分析其中存在的问题，为引入大单元教学提供现实的需求。"小学语文课堂的现状"一节，呈现了小学语文课堂的基本面貌。"小学语文课堂教学中存在的问题"

一节，梳理了传统教学方法在小学语文课堂中可能遇到的瓶颈。"大单元教学在小学语文课堂中的应用前景"一节，展望了大单元教学在解决前述问题上的潜在价值。

第四章"大单元教学在小学语文课堂中的应用案例"通过实际案例的呈现，使读者可以更直观地了解大单元教学在小学语文课堂中的具体运用。通过整合式、主题式和项目化三个案例，系统地介绍了不同类型的大单元教学，并探讨了它们的特点。

第五章"大单元教学在小学语文课堂中的应用效果"通过定量与定性分析，对大单元教学的实际效果进行评估。"教学效果的定量与定性分析"一节，介绍了教学效果评估的指标及定量与定性分析结果。"教学效果的对比实验研究"一节，将大单元教学与传统教学进行对比，深入探讨其差异与优劣。"教学效果的影响因素分析"一节，剖析了影响大单元教学效果的各种因素，为今后的实践提供了有益的参考。

第六章"大单元教学在小学语文课堂中的实施策略"为实际应用提供了具体指导。"制定小学语文大单元教学目标"一节，为教师明确教学目标提供了具体步骤。"选择合适的大单元教学模式"一节，根据实际情况提供了多种可行的教学模式。"优化小学语文大单元教学环节"一节，从教学环节的角度出发，提出了具体的优化建议。

第七章"结论、启示与建议"对整个研究进行了全面总结。"研究结论总结"一节，回顾了整个研究的主要发现和结论。"对小学语文大单元教学的启示"一节，总结了研究对小学语文教育的启发和促进。"对未来研究的建议"一节，为未来相关研究提出了一些建议和展望。

本研究不仅对当前小学语文教育中存在的问题进行了深入剖析，同时通过引入大单元教学的理念和实际案例，提供了可能的解决途径。研究的结果具有一定的实践指导意义，不仅为教育从业者提供了新的教学思路和策略，也为语文教育研究领域提供了有益的参考。

目录

第一章　导　论

第一节　大单元教学的研究背景与意义

一、目前小学语文教学存在的亟待解决的问题

（一）单篇教学法盛行，忽视知识的整合

当前，单篇教学法在小学语文教学中盛行，成为一线小学语文教师常用的教学方法。这种模式将一篇课文按照其内容的不同，划分为不同的课时，以单篇课文为教学单位，看似符合学生语文学习的内在规律，实际上这种教学模式存在一些明显的弊端。

首先，单篇教学模式忽视了学生语文能力形成的关键条件，即完整的学习探索过程。学生在这种模式下缺乏对知识的整体性理解，因为教学重点只停留在具体的篇章上，而忽略了知识的内在联系和整合。其次，这种模式没有贯穿整个单元的大情境。教学过程中缺乏对整个单元知识脉络的把握，学生获得的知识是零散的，难以形成系统性的认知结构。多数小学语文教师通常将关注点集中在每一节课的教学设计上，忽略了单元知识的融会贯通，过度关注每节课的教学目标，导致整个单元的教学呈现分散的状态。他们往往过于强调每节课的教学设计，而忽略单元与单篇课文之间的内在联系，使学生在学习过程中出现"只见树木，不见森林"的问题。

因此，有必要对单篇教学法进行反思，探索更为全面、连贯的教学方式。在教学设计中应更注重知识的整合，强调单元知识的融会贯通，使学生在学习过程中更好地理解知识之间的内在联系，形成更为完整的语文学科认知结构。这有助于提高学生的整体语文素养，更好地促进语文教育的全面发展。

（二）教学中忽视学生的主体性

在当前许多小学语文课堂中，尽管倡导促进学生自主、合作和探究的教学方式，以及尊重学生主体性的教学理念，但实际教学中却未能有效实施。这主要归因于教师过度依赖教材，只注重知识的传授，而忽视了对学生语文核心素养的培养。在教学设计中，很少有教师考虑学生通过特定课文的学习能够提升何种语文素养，更不用说思考学生通过整个单元、学期或学段的学习能够培养怎样的语文核心素养。

在课堂实践中，教师往往过于注重课程内容的完整性，忽略了学生习得知识的探索过程。首先，教学结束后，课程就被视为结束，割裂了学生在课文学习中的整体体验。其次，反思环节薄弱，学生缺乏将知识进行内化的时间。最后，课后讨论和思考的机会有限，导致学生难以深度理解和应用所学知识。

（三）部分教师缺少单元教学设计经验

目前，虽然大多数一线小学语文教师在对单篇课文进行教学设计时表现熟练，但仍有部分教师在单元教学设计方面缺乏全面、系统的经验。这些教师在教学实践中更倾向采用单篇教学，对单元教学的概念理解不够清晰。尽管大多数教师已经认可单元教学的重要性，但由于未经过系统培训，部分教师在单元教学设计方面的能力仍然较为薄弱。有专家在其研究中指出，教师在尝试单元教学中存在"形式主义严重""单元目标多而不精""在尝试单元教学过程中缺乏钻研精神""单元教学课型单一"等问题。

因此，为了提升教学质量、适应教育改革，迫切需要加强对一线小学语文教师的单元教学设计培训。教师培训不仅应关注单元教学的理论知识，更需强调实际操作经验的积累。为教师提供更多的单元教学案例、设计模板及实践指导，教师将更加熟练、自信地运用单元教学模式提升教学效果。这是未来教师培训的重要方向。

（四）语文教育改革存在"概念化"倾向

当前的教育改革普遍存在追求潮流的问题，特别是在语文教育领域。近年来，各种教学概念和模式如雨后春笋般涌现，形成了一片纷繁的景象。南京师范大学吴永军教授指出："教学设计不能脱离教育专家提出的新概念的指导，但如果这些概念缺乏切实可行的操作和实践方法，就容易滋生概念化的倾向。"专家提出的教学概念与教学实践明显脱节，新概念的教学模式需要通过大规模的教学实践来验证。

教育专家提出的新概念通常在理论上有着合理性和前瞻性，然而在实际教学场景中，由于操作性不足，难以被有效转化为具体的教学方法。这种理论与实践脱节的状况，容易使教育改革走向"概念化"，过多地强调理论框架而忽略实际操作的重要性。

二、大单元教学设计具有必要性和重要性

（一）大单元教学设计的必要性

1. 发展学生核心素养的需要

发展学生核心素养是当前语文教育的迫切需求，而语文大单元教学设计被认为是促进学生全面发展和提高语文核心素养的必然要求。教育专家强调了核心素养对学生发展的重要性，并明确指出，基于学科核心素养的大单元教学设计在教师教育活动中占据着关键地位，对学生核心素养的内化和提升起着不可忽视的作用。教学的知识目标虽然较容易按学时达成，但核心素养的培养和提升则需要长期积累和熏陶。大单元教学的实施为学生提供了更广阔的学科学习空间，使他们在深入学习的过程中能够更全面地发展语文核心素养。教师通过对学生文学、语言、阅读等方面的全面培养，可以使学生更好地掌握语文的本质，提高其综合素养水平。

大单元教学的实施不仅有助于学生更好地完成知识目标，更重要的是为其核心素养的提升提供了有效途径，这也使大单元教学设计成为语文教育中的一项关键策略。教师通过深化教学内容和拓宽学科视野，可促使学生在语文学科上取得更为全面和深入的发展。

2. 语文课程标准的指向

2011 年，教育部发布了《义务教育语文课程标准》，强调对语文教学的整合性要求。该标准明确指出，教师应"加强教学内容的整合，统筹安排教学活动，促进学生语文素养的整体提高"。这一要求强调了语文教学的整合性，旨在通过教学设计提升学生在语文领域的全面素养。

2017 年，《普通高中语文课程标准（2017 年版）》的发布，进一步明确了学

科教学的核心目标，强调培养和提升学生的学科核心素养。在标准中，"整合"一词出现了多达 21 次，强调了对知识整合的关注。该标准明确指出，教师应该注重整合学科知识，通过单元整合学习，学生能够构建起纵横交错、相互联系的知识框架，促进对知识的完整性和系统性的理解。

这一系列课程标准的指向表明，教育部对语文教学提出了更高层次的要求，强调了整合性教学的重要性，要求教师不仅要更灵活地设计教学内容，还要注重跨学科整合，使学生在学科学习中能够更全面、更深入地发展。这也使整合性教学成为当前语文教育中不可忽视的发展方向。

3. 小学部编版教材的编排取向

2019 年秋季，全国义务教育阶段统一使用的部编版小学语文教材引入了"双线组织单元结构"，该结构旨在同时涵盖单元主题和语文要素，明确了内容组织形式和语文能力训练点。与其他版本相比，部编版教材的最大亮点在于其强调采用"更加灵活的单元结构体例"，例如将原本分散在每个单元前的识字部分集中整合成两个识字单元。这一编排方式要求小学语文教师不仅要深入研究教材，将每一课教学内容完全掌握，还要根据学生和教学的实际情况重新整合教学内容，设计出有机结合的教学单元，不受单篇课文限制。

这种"双线组织单元结构"的设计，使教学更具灵活性和创造性。通过整合识字部分，教师能够更好地串联教学内容，使之更具有连贯性和系统性。教师应根据学生的学习特点和实际情况，合理安排教学进程，创造更有趣、更富有启发性的学习氛围。这样的编排方式有助于提高学生对语文知识的整体把握能力。

（二）大单元教学设计的重要性

大单元教学设计的重要性在于其实现了语文教学的多个方面的转变和进步。高级教师孟亦萍认为，大单元教学设计可以促使语文知识从零散态转变为大单元整体教学，从而实现传统教学模式到深度学习的转变。这种教学设计不仅为学生提供了更丰富的学习资源，还努力实现了教、学、评一体化。钟启泉教授指出，单元设计是教师教学活动的核心和永恒的主题，是课程开发的基础。

大单元教学关注学生知识的习得，同时强调学生素养的培养，注重学生学习过程的完整性。与传统教学不同，大单元教学的设计不再仅关注每节课的知识传授，而是更注重课后知识习得的连续性。在语文教学效果方面，大单元教学打破了教学过程中碎片化、重复无重点的现象，提高了教学效率，有助于推动语文教学的科学发展。

特别值得注意的是，在强调提升学生核心素养的背景下，大单元教学实现了教学目标由关注知识向关注素养能力的重要转变。它打破了知识学习与个体经验相割离的状态，有效对接了教学设计与核心素养的关系，推动语文教学朝着最优化的方向发展。

第二节 大单元教学的研究目的与问题

一、大单元教学的研究目的

（一）探讨大单元教学模式对小学生语文学科成绩的影响

1.明确大单元教学模式对学生语文学科成绩的提升效果

在学术研究中，需深入分析大单元教学模式对小学生语文学科成绩是否有显著的正面影响。通过对学生成绩数据的定量分析，探讨大单元教学模式在提高学科成绩方面的具体作用。

2.探究大单元教学模式对学生学习兴趣的影响

研究目的还在于揭示大单元教学模式是否能够激发学生对语文学科的兴趣。教师通过问卷调查、访谈等方法，深入了解学生在大单元教学环境下的学科体验，进而明确该模式对学科兴趣的积极影响。

（二）探明大单元教学模式对学生语文素养提升的影响

1.分析大单元教学模式对学生语文素养各要素的促进作用

教师通过分析学生在大单元教学过程中所涉及的语言能力、阅读能力、写作能力等方面的表现，确定大单元教学模式对不同语文素养要素的具体影响。

2.揭示大单元教学模式对学生语文素养的整体提升效果

深入研究大单元教学是否能够在整体上提升学生的语文素养水平，包括语言表达能力、文学鉴赏能力、批判性思维等方面。教师通过多角度、多层次的测量和评估手段，可以全面了解大单元教学对学生语文素养的影响。

二、大单元教学的研究问题

（一）大单元教学模式对小学生语文学科成绩和学科兴趣的影响

1.大单元教学模式是否能够显著提高小学生的语文学科成绩

通过对比实验组和对照组的成绩数据，分析大单元教学模式对学生成绩的影响，验证其在语文学科成绩提升方面的可行性。

2.大单元教学模式是否能够激发学生对语文学科的兴趣

通过定性研究方法，如学生访谈和观察，了解学生在大单元教学中的语文学科体验，明确该模式对语文学科兴趣的影响。

（二）大单元教学模式在小学语文教学中的可行性及局限性

1.大单元教学模式在小学语文教学中的可行性是如何体现的

详细探讨大单元教学模式在小学语文教学实践中的可行性，包括教师的教学准备、学生的接受程度等方面的实证研究。

2.大单元教学模式在实际应用中存在哪些局限性

深入分析大单元教学模式在小学语文教学中可能面临的问题和挑战，例如教学资源、时间安排、学科内容整合等方面的限制，为今后的实践提出改进建议。

第三节　大单元教学的研究方法与结构

一、大单元教学的研究方法

（一）定量研究阶段

1.问卷调查设计

在定量研究阶段，主要数据收集工作以问卷调查的方式进行。具体来讲，就是设计结构化问卷来收集学生、教师和家长的意见，全面了解大单元教学模式在小学语文课堂中的影响。问卷设计包括以下要素：

（1）参与者信息

收集学生、教师和家长的基本信息，包括年龄、性别、教学经验等，以便进行不同群体之间的比较分析。

（2）大单元教学评价

通过定量化的问题，评估参与者对大单元教学模式的整体满意度，了解其认可度和接受程度。

（3）教学效果评估

将学生语文学科成绩数据进行统计分析，客观评估大单元教学的成绩效果，分析学生成绩的提升情况，从而得出大单元教学对学科学习的影响程度。

2.统计分析方法

在定量数据分析中，运用描述性统计、相关性分析和回归分析等方法，深入挖掘问卷调查和学生成绩数据的关联，提供对大单元教学模式影响的量化指标。

（二）定性研究阶段

1.课堂观察

通过深入的课堂观察，收集大单元教学在实际教学中的运用情况。关注教师的教学策略、学生的参与程度和课堂氛围等方面，为后续定性分析提供翔实的数据基础。

2.半结构式访谈

采用半结构式访谈方式，与教师和学生展开深度交流，了解他们对大单元教学的看法。通过访谈，挖掘参与者的主观感受，丰富定性研究的数据来源。

（三）数据整合与分析

将定量数据和定性数据进行整合分析，采用比较分析和交叉验证等方法，全面解读大单元教学模式的实际效果。通过深度理解教学过程中的互动、反馈，提供对大单元教学的全面认识。

二、大单元教学的结构

（一）文献综述

在文献综述中，对大单元教学模式及小学语文教育现状进行全面、系统的梳理。通过对相关研究的回顾，形成对研究背景和理论基础的深入理解。

（二）理论框架

构建大单元教学模式在小学语文教学中的理论框架，明确关键概念和关系。借鉴相关理论，建立研究的基础，为后续实证研究提供支持。

（三）研究设计

详细阐述研究设计，包括样本选择、数据收集和分析方法等。明确问卷调查的设计、观察的流程，以及对学科成绩数据的收集和处理方式，确保研究的科学性和可靠性。

（四）实证研究

通过实证研究，深入探讨大单元教学模式在小学语文教学中的实际应用和效果。对定量数据和定性数据进行统计分析和深度解读，全面了解大单元教学的实际效果。

（五）讨论与展望

对研究结果进行深入讨论，提出对小学语文教育的启示和建议。同时，展望未来大单元教学模式在小学语文教育中的发展趋势，为教育实践提供前瞻性建议。

（六）结论

强调研究的贡献和创新点，提出对未来研究的建议。通过结论，为小学语文课堂的改革和创新提供有力的理论支持和实践指导。

第二章 大单元教学的基本理念

第一节 大单元教学的定义、特点与理论基础

一、单元教学的释义

（一）《汉语大词典》中的定义

1. 整体中自为一组

首先，《汉语大词典》中将"单元"定义为整体的一部分，并赋予其自我独立的特征，对"单元"的详细释义强调了其在学习或事物中的地位，这彰显了单元作为学习的基本构成单位，与其他元素相对独立存在的重要性。在学科教学中，这一概念的引入为教师提供了一个理论框架，使其能够更好地组织和规划教学内容。

其次，这一定义意味着单元具有内在的一致性和完整性，能够在整体学科结构中形成自洽的体系。教师在设计单元教学时，可以更注重单元内部知识点的关联性，确保学科内容能够有机衔接，形成学科网络。这对于学生深入理解学科知识、培养综合能力具有积极的指导作用。

再次，基于整体中自为一组的特征，单元的构建也可视为学科知识的系统整合。通过将相关知识元素组织成一个个相对独立而内部紧密联系的单元，教师能够更好地促使学生理解知识之间的内在关系，从而形成系统性的学科认知。这有助于避免碎片化的学科学习，使学生能够更全面地把握学科本质。

最后，整体中自为一组的概念也为跨学科教学提供了一种可能性。在教育领域中，单元的引入使不同学科之间可以通过共同的主题或问题进行整合，从而形成更为综合的学科教学单元。这为培养学生的学科综合能力提供了更广阔

的空间。

总的来说，《汉语大词典》中关于"单元"的释义为我们理解单元教学提供了深刻的思考。这一概念不仅强调了单元的相对独立性，更为学科教学提供了系统整合知识的思路，有助于推动学科教育发展。

2. 自成系统的独立单位

首先，将单元视为自成系统的独立单位强调了其内在的组织结构和完整性。在教学设计中，这一概念提醒我们要注重单元内部知识元素之间的联系，使其能够形成一个有机而完整的学科体系。通过将相关的知识元素进行有机组织，教师能够帮助学生更好地理解学科知识的内在逻辑，使其形成对整个学科体系的全面认知。

其次，自成系统的特征也为教学目标的设定提供了指导。由于单元被视为一个相对独立的系统，因此教师在设定教学目标时可以更全面地考虑单元内的知识点，使目标既符合整体学科发展的需要，又能够照顾到学生在单元学习中的具体需求，这有助于确保教学目标的精准性和有效性。

再次，将单元视为自成系统的独立单位还有助于构建更具体的教学策略。教师可以根据单元内部的系统特点，有针对性地选择教学方法、评价方式等。这样的个性化教学策略有助于提高教学的针对性和实效性，使学生更好地掌握单元所涉及的知识和技能。

最后，这一概念强调学科知识的有机整合，为跨学科教学提供了一种可能性。在教育领域中，教师通过将相关学科的知识元素有机整合，形成相对独立而内部联系紧密的学科单元，这可以促使学生在不同学科之间建立更为综合的认知结构，培养跨学科的综合能力。

总的来说，将单元视为自成系统的独立单位为教师提供了丰富的思考空间和指导。这一概念不仅有助于教学内容的有机整合，更为目标设定和教学策略的制定提供了新的视角，为学科教育的发展提供了有益的启示。

（二）《辞海》中的定义

1. 学习的段落

《辞海》将"单元"定义为学习的段落，强调了单元与学习过程的密切关联。这一定义将"单元"视为学习的基本构成单位，彰显了其在整个学习过程

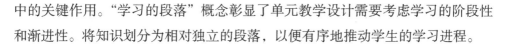

中的关键作用。"学习的段落"概念彰显了单元教学设计需要考虑学习的阶段性和渐进性。将知识划分为相对独立的段落，以便有序地推动学生的学习进程。

在实践中，教师应充分理解学科的特点和学生的认知水平，有目的地构建不同层次的单元，形成有机的学科体系。每个学科单元应当以学生的学习水平和发展需求为基础，为其提供适宜的学科挑战。这种有序推进的设计有助于学生逐步深入理解学科内容，同时避免知识过于零散和无法建立联系等问题。

教师通过将学科知识分解为可管理的学习段落，使单元教学的设计能够更好地满足学生的认知规律。学生在每个单元中专注特定的主题或概念，有助其理解和掌握相关知识。同时，学习的段落设计还能够更好地促使学生形成知识体系，使他们在学科学习中建立起更为稳固和有层次的认知结构。

总体而言，《辞海》中关于"单元"作为"学习的段落"的定义，为单元教学提供了清晰的方向。这一概念强调学科知识的有序推进，有助于学生逐步深入学科学习。在实际教学中，教师可以根据这一理念，更科学地组织和设计单元教学，为学生提供更为有益的学习体验。

2. 学习的具体片段或部分

《辞海》定义中提到"单元"是学习的具体片段，强调了"单元"不仅是抽象的概念，更是学习过程中的实际应用。这一观点深刻揭示了单元教学的本质，要求将学科知识具体化，使学生在每个单元中都能够获得实际而有意义的学科体验。在实际教学中，这一理念对教师提出了明确的要求。

首先，教师需要将抽象的学科知识与学生的实际经验相结合，通过具体的案例、实例等方式呈现，使抽象的概念具体而形象，这有助于学生更加直观地理解和掌握知识，提高学科学习的实际效果。

其次，教师在设计单元教学时需要注重教学方法和资源的选择。为了确保单元具有学科内部的逻辑性，教师需要精心挑选与学科知识相契合的案例，使之既符合学科体系的逻辑结构，又具有实际的教育意义。这要求教师对学科内容有深刻的理解，能够将抽象的概念转化为生动、具体的学科实践。

最后，考虑到学生的认知规律，单元教学还需要关注学科知识的渐进性和学生的认知水平。教师可以根据学生的实际需求和学科难度，有计划地组织单元，使其既具备连贯性，又适应学生逐步深入学科学习的过程。

3. 学科知识的逐步拓展

"单元"被定义为学习的具体片段或部分，这强调了在单元教学中学科知识的递进性。在教学设计中，每个单元都应当构建在前一单元的基础之上，使学生能够渐进地拓展知识体系。

在实际教学中，这一理念呼唤教师在单元之间建立清晰的知识桥梁。这不仅包括对学科知识的逻辑关系的深刻把握，还需要考虑学生的认知发展规律，使知识的拓展既符合学科内部的逻辑性，又适应学生的学习进程。通过有序设置各个单元，教师可以引导学生逐步深入，形成系统而全面的学科认知结构。

此外，学科知识的逐步拓展也要求教师考虑课程的长期规划。通过合理规划各个单元的内容，确保学生在学科知识的递进中得到全面发展。这需要对学科课程的整体结构有清晰的认识，明确每个单元在整个学科体系中的位置和作用，以达到有机衔接的教学效果。

因此，学科知识的逐步拓展是单元教学的一项重要原则，旨在通过每个单元的设计和实施，引导学生在学科认知中不断深化、拓展，形成具有层次性和完整性的学科知识结构。这为教师提供了在单元教学中推动学科发展、提升学生学科综合能力的有力指导。

（三）教育领域中的两类"单元"

1. 教材单元

（1）基于学科基础知识

教材单元是以学科基础知识为核心，按照学科体系组织的教学单元。这种教学单元强调对学科内容的系统学习和掌握，有助于建立学科知识体系。

（2）知识组织的角度

从知识组织的角度看，教材单元是教师按照学科知识的逻辑关系划分的学习单元。通过设计教材单元，教师可以使学科知识更有层次、更系统地呈现给学生。

2. 经验单元

（1）以学习者的已有经验为基础

经验单元以学习者的已有经验和知识为出发点，引导学生在实践中探究和建构知识。这种教学单元更注重学生的实际经验和实践活动。

（2）活动组织的角度

从活动组织的角度看，经验单元强调通过实际活动和体验提高学生的学习效率。教师在设计经验单元时需要关注学生的个体差异，充分考虑他们的实际经验，以提高学习的效率。

二、大单元教学的特点

大单元教学具有以下显著特点：

（一）独立完整性

1. 自给自足的学习环境

大单元教学的核心特点之一是旨在创造自给自足的学科学习环境。在这种教学模式下，每个大单元被构思为一个完整的学科学习体验，为学生提供了独立而有机的学习框架。这意味着学生在参与大单元学习时，能够在一个相对独立的学科学习环境中全面获得知识和技能。

在大单元设计中，教师的任务不仅是传递知识，更需要精心安排内部内容和任务，以确保它们形成一个内在联系紧密的有机整体，使学生更好地理解学科知识的内在逻辑，并促使他们能够更全面、深入地掌握相关概念和技能。学生在学习过程中能够更加系统地理解和运用所学内容，提高学科学习的效果。

这种学习环境不仅强调了知识的深度，更给学生提供了一个相对封闭的学习空间，使其可以在有限的时间内经历相对完整的学科学习过程，学科学习的独立性有助于学生建立对知识的整体性认知，提高学科素养。因此，大单元教学为学生提供了更为有序、清晰的学科学习体验，进一步推动了他们的综合素质发展。

2. 清晰的学科学习框架

大单元教学的突出特点之一在于其创造了清晰的学科学习框架，为学生提供了有序且全面的学习体验。每个大单元都被构成学科知识的一个独立模块，使学生在学习的过程中能够更好地将碎片化的知识整合成有机的整体。

这种框架化的设计不仅将知识划分为了独立的单元，更在于建立起了这些单元之间的内在联系。精心设计大单元的结构，确保每个单元的内容相互关联，形成一个内在逻辑结构清晰的学科学习框架，使学生能够在整个学科知识结构中建立起有机的认知网络，更好地理解不同概念之间的关系，进而提高对学科结构的认知水平。

教师通过将学科知识划分为模块化的大单元，使学生能够更容易理解和掌握各个知识领域，避免碎片化知识的孤立存在。这种模块化的设计有助学生建立起对学科的整体性认知，使学生能够更系统地掌握知识，而不是简单地记忆零散的信息。

此外，大单元教学的框架化设计还为教师提供了有力的帮助，使其能够更好地组织和安排教学内容。通过清晰的学科学习框架，教师能够更有针对性地设计教学活动，引导学生在整个学科结构中逐步深入，提高他们的学科思维水平。

大单元教学通过创造清晰的学科学习框架，为学生提供了更有层次、有序的学习体验。这种框架化的设计不仅有助于提高学生对学科结构的认知，还为他们的系统性学习提供了有效的支持。

（二）强调素养目标

1.素养目标的融入

在大单元教学中，注重素养目标的融入是其显著的特征。与仅关注学科知识传递不同，大单元教学明确将素养目标纳入教学过程的核心。这一理念不仅贯穿教学目标和任务的设计，还体现在整个评价体系的构建上，该理念着重培养学科综合能力，如批判性思维、团队协作能力和独立解决问题的能力等。

在大单元设计中，教师在明确教学目标时将素养目标置于首要位置，设定综合性的目标，如培养学生的创新思维或团队协作能力。大单元教学旨在超越传统的知识传递，更注重培养学生在学科领域中的综合素养。这使学生在学习的过程中不仅能获取知识，还能够发表更为深刻的学科见解及获得技能。

任务设计是大单元中素养目标融入的另一关键方面。大单元通过有机整合不同任务，如案例分析、项目实践等，激发学生的主动性和团队协作能力。这种任务设计使学生在解决实际问题的过程中，不仅需要运用学科知识，还需要发挥创造性思维和团队协作能力。因此，大单元教学的任务设计强调学生在实际情境中运用素养目标，实现对学科知识的综合运用。

评价体系的构建也是大单元教学中素养目标融入的关键环节。通过设计多元化的评价方式，如项目报告、团队合作评估等，教师能够更全面地了解学生在知识、技能和素养方面的表现。这有助于评估学生在大单元学习中是否达到了预期的素养目标，并为教学的不断优化提供有效的反馈。

总体而言，大单元教学通过明确融入素养目标，强调学科综合能力的培养，使学生在学科学习中不仅是知识的接收者，更是具备综合素养的全面发展者。这一特点不仅为学生提供了更为全面的学习体验，也符合当今综合素质教育的理念，可以使学生更好地适应未来的挑战。

2. 综合素质教育的理念

大单元教学旨在培养学生具备专业知识的同时，更注重其在解决实际问题中的综合素质。综合素质教育的理念在大单元教学中得以深刻体现，为学生的全面发展提供了强有力的支持，使学生具备更强的适应能力和创新能力。

首先，大单元教学注重培养学科综合能力，它不仅强调学科知识的传授，更关注学生在解决实际问题时的应用能力。大单元教学通过设定丰富多样的任务，如实际案例分析、跨学科项目等，激发学生的主动性和团队协作精神，培养他们在实际情境中灵活运用学科知识解决问题的能力。这种任务导向型的学习方式更注重对知识的深刻理解和灵活运用，有助学生超越简单的知识记忆，从而培养学科综合能力。

其次，大单元教学通过强调素养目标的融入，突显了对学生全面素质的关注。素养目标不仅包括学科方面的综合素养，还关注学生的批判性思维、团队协作、创新能力等方面。这使得学生在大单元学习中，不仅是专业领域的学习者，更是全面发展的个体。大单元教学为学生提供了一个有机整合专业知识与跨学科素养的平台，使其能够更好地适应未来社会和职业的多样性需求。此外，大单元教学的评价体系也更贴合综合素质教育的理念。多元化的评价方式，如项目报告、团队合作评估等，不仅能全面考查学生的学科知识水平，更能够评价其在实际应用和团队协作中所展现的综合素质。这种综合性的评价方式有助于为学生提供更为准确和全面的反馈，可以促使其在学科学习和综合素质培养中取得更好的平衡。

大单元教学在实践中不仅关注学科知识的传递，更强调学生全面素质的培养。这与综合素质教育的理念相契合，为学生提供了更为全面、深入的学习体验，使其能够在未来社会中具备更强的适应能力和创新能力。

（三）结构灵活性

1. 基于教材单元的结构重组

大单元教学的灵活性体现在基于教材单元的结构重组上。通过重新组织教材单元的结构，大单元教学能够更加灵活地适应学科发展的新趋势，为教师提供有力的工具，以便更好满足学生的学习需求。

在这种结构中，教师通过重新梳理教材单元，将其组织成更具有逻辑性和连贯性的大单元结构。这种结构重组的方法旨在优化教学内容的呈现方式，使其更符合学科发展的脉络和学生的认知特点。通过将原本独立的教材单元整合为一个有机的大单元，教师能够更好地引导学生理解知识之间的内在联系，促使学科学习更为深入和系统。

基于教材单元的结构重组不是对已有教材的简单拼凑，而是对教学内容进行的有目的、有计划的优化。这需要教师对学科知识的深刻理解，以便将相关的教材单元整合成更为综合、具有内在逻辑的大单元。这种优化的设计有助于提高学生对知识结构的整体认知，使其更容易理解学科内容。

在实际操作中，基于教材单元的结构重组还使教师能够更灵活地根据具体情境和学生特点进行调整。这种灵活性体现在对教学内容的实时调整和个性化设计上。通过不断优化和调整大单元结构，教师可以更精准地把握学科知识的前沿，确保教学内容与时俱进，切实提高教学的实效性，更好地满足学生的学习需求。

基于教材单元的结构重组是大单元教学中一种富有创意和灵活性的设计方式。通过重新组织教材单元，大单元教学在结构上也更为灵活，更能够适应学科的变化和学生的多样性需求。

2. 系统论的方法

在大单元教学的结构设计中，系统论的方法展现了一种全面且有机的学科整合思维。采用系统论的方法，教师不仅注重了个别教材单元的独立性，更强调了整个学科知识体系的内在关联性。这种方法使教师能够更全面地考虑学科的结构，通过精心分析、调整和整合学科知识，创造更为有机、紧密相连的学科学习体验。

系统论强调整体性思维，认为学科知识体系不仅是各个教材单元的简单堆叠，更是一个相互联系、相互影响的系统。在大单元教学中，教师通过系统论

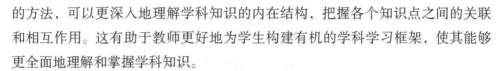

的方法，可以更深入地理解学科知识的内在结构，把握各个知识点之间的关联和相互作用。这有助于教师更好地为学生构建有机的学科学习框架，使其能够更全面地理解和掌握学科知识。

采用系统论的方法，教师能够对学科知识进行精准的分析。通过对整个学科体系的剖析，教师可以识别出关键的知识节点和核心概念，进而有针对性地进行教学设计。这种精细的分析有助于确保大单元的结构更为合理，能够在教学过程中更好地引导学生深入理解学科的本质和要点。

调整是系统论方法中一个重要的环节。教师可以根据学科发展的前沿和学生的认知水平对学科知识体系进行灵活调整，使教学内容更贴近实际情境，更具有实际应用的意义。这种调整不仅有助于提升学科教学的针对性，而且使大单元结构具有了更强的适应性，能更好地满足学生多样化的学习需求。

整合是系统论方法的最终目标。通过对学科知识的整合，大单元的结构变得更为有机和紧密相连，学生在学习的过程中能够更自然地理解不同知识领域之间的关联，形成对学科的全面认知。通过系统性的整合，学生不仅能学会零碎的知识，更能够将这些知识有机地结合，形成更为完整的学科认知。

系统论的方法在大单元教学的结构设计中提供了一种有深度且全面的思维方式。这种方法使教师能够更好地构建有深度、有层次的学科学习环境，为学生的全面发展提供更为有益的支持。

三、大单元教学的理论基础

（一）建构主义理论的应用

1.建构主义理论的基本原则

建构主义理论的基本原则体现了学生在学习中的积极主动性和知识建构的过程。这一理论为教育实践提供了深刻的启示，特别是在大单元教学中，可以通过以下几个方面将建构主义理论的基本原则付诸实践，使理论研究更具实践指导意义。

（1）学生的主动参与

在大单元教学中，教师应鼓励学生主动参与，激发他们的学习兴趣和内在动力。在设计活动和任务时，要考虑学生的个体差异，让学生能够根据自己的兴趣和经验参与到学习过程中。教师通过课堂讨论、小组合作等方式，引导学生主动思考、交流，从而成为学习的主体。

（2）知识与经验的整合

大单元教学强调知识的整体性和有机性，与建构主义理论中的知识整合原则相契合。在设计大单元时，教师可以将不同主题、概念和技能有机地结合在一个大单元中，使学生能够在整体性的学习环境中建构知识体系。跨学科的设计和知识的交叉应用，能促使学生更深入地理解知识之间的关联性。

（3）真实学习环境的创设

建构主义理论强调真实学习环境对学习的促进作用。在大单元教学中，教师可以通过创设具有实际背景和情境的学习活动，使学生能够在更贴近实际的情境中建构知识，提高学习的实用性。

（4）引导学生的元认知意识

建构主义理论注重学生对自己学习过程的认知和掌控，即元认知意识。在大单元教学中，教师应引导学生思考他们的学习方式、策略和效果。学生通过反思性的活动，例如学习日志、自评和同学互评，可以更深层次地理解自己的学习过程，培养元认知能力，更有效地参与知识建构。

（5）个体化学习支持

考虑到学生的个体差异，大单元教学可以提供个体化的学习支持。教师可以根据学生的兴趣、学科水平和学习风格，差异化地设计教学任务和评价方式，促使每个学生都有适合自己的学习方法。

2. 建构主义与大单元教学的一致性

在大单元教学中，教师在教学设计中采用了建构主义理论的核心原则。大单元教学的主要特点是教师有目的地整合教学材料，构建真实情境的教学大单元，而这与建构主义理论的观点紧密契合。

首先，大单元教学中的教师会依据语文课程标准和学生情况，有计划地对教学材料进行整合。这种整合不仅包括对语言知识的串联，还包括对跨学科知识和实际情境的结合。通过这样的设计，学生能够在一个相对封闭但富有内在关联的学科学习环境中进行学习，体现了建构主义理论中学生应在相对完整的学习过程中建构知识的观点。

其次，大单元教学中的学生会被引导主动、有意识地参与整个学习过程。这与建构主义理论的基调相吻合，即学生应基于自己的独特生活经验去主动建构知识。在大单元的学习过程中，学生参与讨论、合作、实践等活动，不仅是知识的被动接收者，更是知识的积极建构者。这种学生的主动参与体现了建构主义理论中学习过程的积极性和个体性。

最后，大单元教学强调的语文核心素养的培养和表现，正是建构主义学习理论的应用体现。语文核心素养的培养，强调学生在积极的语言实践活动中建构知识并在真实的语言运用情境中将其表现出来。这与建构主义理论中对学习者通过与环境互动建构知识的理念相契合。在大单元教学中，学生在丰富的语言实践中，通过与他人的互动、社会环境的反馈，逐渐培养出符合语文核心素养的语言能力。

因此，大单元教学的实践是对建构主义理论的应用。通过整合知识、创设情境、引导学生参与，大单元教学为学生提供了一个符合建构主义理论原则的学科学习框架。学生在这一框架中，不仅可以获取语文知识，更能够在实践中建构语文核心素养，使理论和实践在大单元教学中得到了有机结合。

3. 建构主义对语文核心素养的启示

建构主义理论的应用为语文核心素养的培养提供了启示。教师在大单元教学设计中可以更注重学生的主动参与性，创设真实情境，引导学生在语言实践中建构核心素养。教师可以更好地满足学生的个体差异，促使他们更主动地参与语文学科的学习，形成更为丰富和有深度的语文知识结构。

（二）情境学习理论的应用

1. 情境学习理论的基本观点

情境学习理论强调了知识与环境之间的互动关系，强调学习不是简单地在个体心理内部的表征，而是通过个体与社会或学习情境的联系和互动而产生的。根据这一理论，学生的知识结构是通过积极参与社会文化实践形成的，因而学习时需要考虑学生与环境的动态关系。

在情境学习理论中，教学情境被定义为在课堂教学中以教学目标为导向、基于教学内容创造的学习活动环境。这个环境应当具有学习或生活的背景，以促进学生的主动参与、整体发展为目标。情境学习理论认为学生的知识建构离不开环境的支持和引导，学习不仅是个体在孤立状态下的心理过程，更是在特定情境中发生的互动过程。

大单元教学在实践中契合了情境学习理论的基本观点。通过创设丰富的学习情境，大单元教学使学生的学习发生于真实或类似真实的情境中。这种情境化的学习设计使学习不再是抽象的、脱离实际的，而是嵌入到具体情境中的，因此，有助于学生更好地理解和应用所学知识，大单元教学中的情境设计旨在激发学生的兴趣、提高他们的参与度，并通过真实的学习环境促进知识的建构。

因此，情境学习理论的基本观点与大单元教学的理念相一致。大单元教学注重情境创设，强调学生与环境的互动，为学生提供了更贴近实际、更具参与性的学习体验。这种理论和实践的结合，有助于促进学生更深层次的学习，提高其对知识的实际运用能力。

2. 情境学习理论的要点与大单元教学的一致性

情境学习理论的核心要点与大单元教学的实践有着显著的一致性。首先，情境学习理论强调在学习过程中，学生的知识建构是通过与社会或学习情境的互动而形成的。在大单元教学中，教师精心选择并创设复杂、真实的教学情境，让学生在这样的情境中进行学习。这种情境化的学习设计使学生能够更好地将所学知识与实际情境相连接，使知识更有深度。

其次，情境学习理论强调学生在情境中通过活动获得知识。在大单元教学中，学生不是被动接收信息，而是通过参与各种学习活动，如讨论、合作、实践等，积极构建自己的学科知识体系。学生的这种主动参与性使得学习更加贴近实际，更具有体验性。此外，情境学习理论中强调教师应该提供适当的帮助，并尊重学生的主体性。在大单元教学中，教师的角色不是知识的传授者，而是学生学习过程中的引导者。通过提供适当的引导和支持，激发学生的学习动力，使他们能更深入地参与学习活动。同时，尊重学生的主体性意味着要充分考虑学生的个体差异，在教学中更加关注学生的需求，使其学习过程更为个性化和有效。

最后，情境学习理论强调在学习过程中给予学生实时的反馈评价。在大单元教学中，教师通过及时的反馈帮助学生纠正错误，引导他们更好地理解知识，促进学习效果的提升。实时的反馈不仅能使学生更清晰地了解自己的学习状态，也增强了他们对学科知识的理解和应用能力。

情境学习理论的要点与大单元教学的实践形成了良好的契合。教师通过创设丰富的学习情境，引导学生主动参与，提供适当的帮助和实时反馈。大单元

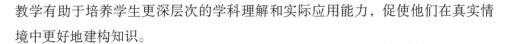

教学有助于培养学生更深层次的学科理解和实际应用能力，促使他们在真实情境中更好地建构知识。

3.情境学习理论对大单元教学的启示

情境学习理论为大单元教学提供了重要的启示和指导。首先，教师在设计大单元时可以有针对性地选择或构建真实或类似真实情境的学习环境。通过关注学生的情感反馈，创设有趣且贴近实际的情境活动，可以更好地激发学生的学习兴趣，使他们更加认真地投入学科学习。情境学习理论的这一观点与大单元教学追求情境化设计的理念相契合，有助于提升学生学习的积极性。

其次，情境学习理论着重强调实时的反馈评价。在大单元教学中，及时的反馈对于指导学生纠正错误、加深理解至关重要。通过实时的反馈，教师也可以更好地了解学生的学习状态，有针对性地调整教学方法和内容。

总之，通过构建真实情境、关注学生的情感体验、强调学生的主动参与性和提供实时反馈，大单元教学可以更好地满足学生的学习需求，使学习更为深入、有趣、贴近实际。这一理论支撑，为教师在实际教学中更好地设计和组织大单元提供了宝贵的参考。

第二节　大单元教学与小学语文课堂的关系

一、大单元教学在小学语文课堂的融入

（一）教学理念的整合

1.教学目标的设定

（1）明确学科目标

在小学语文课堂中，大单元教学理念的核心在于强调学科知识、能力和智力的统一培养。这表明教师应该明确学科目标，确保学生在语文学科中得到全面发展。

（2）具体目标的例证

例如，在一个小学语文单元中，教学目标可以既包括学生掌握了某一具体的语法知识点，比如句子成分的应用，同时也强调培养学生运用该知识点进行

创造性写作的能力。这样的设定可使教学目标更为具体、有针对性。

2. 整合理念的优势

（1）实际应用的理解

整合大单元教学理念的优势在于帮助学生深刻理解语文知识的实际应用。通过将语文知识与写作能力有机结合，学生能够在实际应用中更全面地认识语文的价值。

（2）提高学科素养水平

整合理念的优势还在于提高学科素养水平。通过培养学生不仅在理论层面上掌握语法知识，而且在实际写作中灵活运用，使学生更具语文综合能力。

3. 多元化教学方法的应用

（1）激发学习兴趣

大单元教学倡导采用多元化的教学方法，这一理念在小学语文课堂中得以具体应用。教师通过引入多样的教学活动，如小组合作、讨论、实践性任务等，可以激发学生的学习兴趣和主动性。

（2）提高语文实际运用能力

例如，在一个探讨古诗的小学语文单元中，教师可以设计小组合作的活动，让学生共同分析古诗的意境和表达方式。通过讨论，学生不仅提高了欣赏古诗的能力，同时也锻炼了运用语文知识进行实际创作的能力。

总之，在小学语文课堂中，教学理念的整合体现在对教学目标的设定、教学内容的层次化及多元化教学方法的应用上。这种整合不仅使语文教学更为有机，更重要的是提高了学生在语文学科中的综合素养，使其在学科学习中可以更全面发展。这种教学理念的整合既符合小学语文课程的特点，也顺应当今学科教育的发展趋势，具有较强的专业性和较高的学术价值。

（二）教学内容的层次化

1. 层次化处理的需求

（1）大单元教学的要求

大单元教学的核心理念之一是对教材进行层次化处理，与小学语文课堂的渐进式教学相互契合。这要求教师在设计语文单元时，以更系统的方式呈现语文知识，确保学生在学习过程中能够渐进式地理解和掌握知识点。

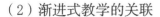

（2）渐进式教学的关联

与大单元教学相对应，小学语文课堂通常采用渐进式教学，即通过难度递增，逐步引导学生掌握更复杂的语言结构和技能。因此，层次化处理是对渐进式教学需求的具体体现。

（3）引导学生逐步深入

在小学语文课堂中，教师可以从简单的词汇和语法规则开始，引导学生逐步深入。例如，在学习课文时，可以先讲解浅显易懂的词汇和简单的语法规则，让学生理解基本意思，然后逐步引入更为复杂的词汇和语法，使学生在逐渐深入的过程中建立对整体结构的认知。

2.层次化处理的益处

（1）系统学科认知结构

层次化处理有助学生建立系统的学科认知结构。通过逐步深化对语文知识的理解，学生能够形成更为有机、完整的学科认知体系。例如，当学生逐渐理解了词汇、语法规则，再到句子结构和篇章组织，就能够在全面认知下更好地理解语文各项知识的内在联系。

（2）提高知识积累的深度和广度

层次化处理不仅有助于建立系统性的认知结构，还有助提高知识积累的深度和广度。教师通过逐步引导学生深入理解语文学科知识，使他们不仅能了解表面知识，更能够深入挖掘语文背后的深层次含义，有助于提高其语文素养，更全面地理解和运用所学的知识。

（3）提升学科思维能力

通过逐步深入学习学科知识，学生在层次化处理的过程中培养并提升了学科思维能力。他们学会将零散的语文知识有机连接起来，形成整体的认知，进而更好地应用这些知识进行创作。

3.层次化处理的实践方法

（1）课文分析与递进教学

教师可以通过对课文的层次化分析，将词汇、语法规则、句子结构等层层递进地引入教学。例如，教师通过先介绍基础词汇，再逐步加入语法规则，然后到句子结构，使学生在逐步学习中形成对语文的整体认知。

（2）情境教学法

教师将语文知识融入实际情境，使学生在具体应用中逐步理解和掌握。例如，教师通过故事情境引入新词汇，通过实际场景演示语法规则，使学生更好地理解和运用语文知识。

（3）小组合作学习

学生借助小组合作学习，通过互动讨论，在层次化处理的过程中相互启发，形成更丰富的认知结构。小组合作可以在一定程度上满足不同学生的学习需求，提高层次化处理的效果。

总之，在小学语文课堂中，层次化处理不仅是大单元教学的要求，也是对学生学科认知结构和思维能力培养的有效方式。通过渐进的层次化处理，学生将更深入地理解和掌握语文知识，形成更为完整的学科认知，为综合素养的提升打下坚实基础。

（三）多元化教学方法的应用

1. 多元化教学方法的倡导

（1）教学理念的转变

大单元教学倡导采用多元化的教学方法，意味着要摆脱传统的单一教学模式，更注重学生的个体差异和多样性。这种倡导反映了教学理念，从以教师为中心转向以学生为中心，强调学生在学习中的主动性。

（2）多元化教学方法的必要性

在小学语文课堂中，学科知识的广泛性和抽象性需要更加灵活和多样的教学方法来激发学生的学习兴趣和提高学科能力。多元化的教学方法为满足不同学生的学习风格和需求提供了更多可能性。

2. 多元化教学方法的实践

在探讨古诗的小学语文单元中，教师可以设计小组合作的活动，将学生分成若干小组，每个小组负责分析一首古诗的意境和表达方式。这种设计有助激发学生的合作精神，促使他们在共同探讨中形成对古诗的深刻理解。通过小组合作，学生在互动中提高了语文欣赏能力。学生可以分享对古诗的不同看法，交流对古诗的理解和感受，拓展了对语文的认知广度。这种互动性的教学方法有助于培养学生的批判性思维和表达能力。除了小组合作，教师还可以引入实

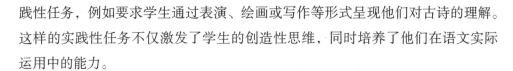

践性任务，例如要求学生通过表演、绘画或写作等形式呈现他们对古诗的理解。这样的实践性任务不仅激发了学生的创造性思维，同时培养了他们在语文实际运用中的能力。

3.多元化教学方法的效果评估

（1）学生参与度提高

教师通过多元化教学方法的实践，可以评估学生的参与度。学生在小组合作和实践性任务中的积极参与程度，可以反映教学方法是否成功激发了学生的兴趣，使他们更积极地投入学习中。

（2）学科实际运用能力提升

教师通过对学生在实践性任务中的表现进行评估，可以看到学生对学科实际运用能力的提升。学生是否能够将所学知识灵活运用在创造性的任务中，是评估多元化教学方法效果的关键指标之一。

（3）对学生反馈的综合考虑

教师还应该关注学生的反馈。通过收集学生对多元化教学方法的意见和建议，可以更全面地了解学生的学习体验，为教学方法的不断改进提供依据。

综上所述，多元化教学方法的应用在小学语文课堂中体现出了很强的实践价值。通过倡导多元化的教学理念，并在实际教学中灵活运用小组合作、实践性任务等多元化教学方法，可以更好地激发学生的学习兴趣，提高他们对学科的实际运用能力。这种实践不仅符合当今学科教育的发展趋势，也为提升小学语文课堂的教学效果提供了有益的经验。

二、两者关系的互动性

（一）新课程标准的引领

1.新课程标准对语文课程的要求

（1）超越传统的知识传授

新课程标准对语文课程提出更高要求，强调超越传统的知识传授。它倡导学科知识与能力的有机结合，注重培养学生的综合素养，使其不仅掌握语文学科知识，更具备实际运用知识的能力。

（2）学科整合和学科素养培养

新课程标准强调学科整合和学科素养的培养。这意味着学生需要在学科学习中形成全面的认知结构，将语文知识与实际生活有机结合，更好地适应当今社会的复杂性和多样性。

2. 大单元教学与新课程标准的契合

（1）大单元教学的理念

大单元教学理念与新课程标准背后的理念相契合。大单元教学以大主题为单位，追求知识和能力的综合培养。

（2）整体性的教学方式

大单元教学与新课程标准对学科整体性的要求相一致。教师通过以大主题为中心，将相关的语文知识点有机整合，使学生能够更好地理解知识的内在联系，培养更为全面的学科素养。

3. 大单元教学满足标准要求

（1）综合知识点的教学

大单元教学通过综合不同知识点，使语文课程更贴近新课程标准的要求。例如，在一个以"古代诗词"为大主题的单元中，不仅涉及古诗的表达方式，还涉及历史、文学等多个层面的知识，实现了跨学科的整合。

（2）跨层次的学科素养培养

大单元教学强调跨层次的学科素养培养，与新课程标准对学生综合素养的要求相符。通过大单元的深度学习，学生不仅在某一层次上发展，同时也在跨层次的学科素养上有所提升。

（3）实际应用能力的提升

新课程标准注重学科知识的实际应用，而大单元教学正是通过将知识点融入实际主题中，使学生更好地理解和运用所学的知识。这有助于提升学生的实际应用能力，使其能够在复杂的情境中运用语文知识解决问题。

综上所述，在新课程标准的引领下，大单元教学作为一种符合整体性需求的教学理念，为满足标准的高层次要求提供了有力支持。教师将大单元教学与新课程标准有机结合，不仅有助于学生全面发展，同时也促进了语文教学的创新和提升。这种整合不仅在理念上有所契合，更在实际教学中为学科教育的未来发展提供了宝贵的经验。

（二）学生发展的连续性

1. 大单元教学的学习连贯性

（1）追求学习内容划分的连贯性

大单元教学的核心特点之一是追求学习内容划分的连贯性。教师通过将一个学期的学习内容分为若干个教学主题，强调不同主题之间的内在联系，使学生在学习过程中能够形成有机的知识链条。

（2）实现阶段性的延伸

在小学语文课堂中引入大单元教学理念，有助于实现阶段性的延伸。每个大单元都可以被视作一个学科领域的深入探究，让学生在一个相对较短的时间内全面理解某一方面的语文知识，然后逐步延伸至下一个主题，形成有层次的学习体验。

（3）有序推进的学科认知结构

大单元教学的连贯性有助于确保学生在学科知识学习上的有序推进。通过对每个大单元的深入学习，学生能够逐渐建立起系统、完整的学科认知结构，更好地理解语文知识之间的内在逻辑关系。

2. 学科发展的支持

（1）大单元教学的思想支持学科发展

引入大单元教学的思想，为学生的学科发展提供了更加连续的支持。教师通过在小学语文课堂中实施大单元教学，可以促使学生在不同学段间的知识衔接更为流畅，有助于应对学科知识深度和广度的增加。

（2）学科知识的有机衔接

大单元教学倡导将不同主题的知识有机衔接起来，使学生在学科发展中能够更好地理解知识的脉络。例如，通过学习一个以"古代文学"为主题的大单元，学生既能深入了解古代文学的特点，又能理解古代文学与历史的关系，形成对整个学科更为全面的认知。

（3）过程性的学科发展支持

大单元教学注重学科知识的过程性发展，不仅关注知识的获取，更关注学生对知识的实际运用。这种过程性的学科发展支持能使学生逐渐培养出独立思考和解决问题的能力。

3. 实践方法与效果评估

（1）阶段性评估

教师通过阶段性的评估，可以了解学生在每个大单元学习过程中对知识的掌握情况，有助于及时发现和纠正学生可能存在的问题，确保学习的连贯性。

（2）学科衔接评估

定期进行学科衔接评估，关注学生在不同学段之间知识的衔接情况。这种评估可以帮助教师了解学生对前期学科知识的保持和应用能力，更好地促进学科发展的连贯性。

（3）学生学科素养的综合评估

通过对学生学科素养的综合评估，包括知识的掌握、能力的实际运用及思维的培养等方面，可以更全面地了解大单元教学在学科发展中的效果。

在小学语文课堂中引入大单元教学理念，有助于实现学科知识的连贯性，为学生的学科发展提供有力的支持。通过深度学习和有机衔接，学生能够更好地理解和应用语文知识，形成更为完整的学科认知结构。这种连续性的学科发展不仅符合学科教育的要求，也有助于培养学生更全面的素养。

（三）教师角色的转变

1. 大单元教学的教师角色

（1）强调学生的主动学习

大单元教学注重学生的主动学习，倡导学生通过探究、发现和实践，深度参与知识的建构过程。在这一理念下，教师不仅是信息的提供者，更是学习过程的引导者。

（2）引导与促进的角色

教师在大单元教学中更多地充当引导者和促进者的角色。他们通过设定启发性问题、组织讨论、提供资源支持等方式，引导学生主动探索知识，促进他们的思维向深度和广度发展。教师的目标是激发学生的兴趣，引导他们深刻理解知识。

2. 适应学科教学的发展需求

（1）适应新课程标准的要求

教师角色的转变与新课程标准的要求密切相关。新课程标准强调学生的综

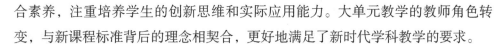

合素养，注重培养学生的创新思维和实际应用能力。大单元教学的教师角色转变，与新课程标准背后的理念相契合，更好地满足了新时代学科教学的要求。

（2）灵活应对不同学生的需求

大单元教学理念提倡个性化、差异化的学习路径，教师需更灵活地应对不同学生的需求。教师逐渐成为学科学习的导航者，根据学生的兴趣、水平和学习方式，调整教学策略，使学生更好地参与到学科知识体系的建构中。

（3）激发学生的学习兴趣

教师角色的转变还着重于激发学生的学习兴趣。通过引入启发性问题、实际案例、趣味性活动等元素，教师能够调动学生的积极性，使他们更愿意参与到学科学习中，提高学科教学的吸引力和效果。

3. 教师角色转变的实践方法

（1）设计启发性问题

教师可以通过设计启发性问题，引导学生主动思考，激发他们的好奇心和求知欲。这种方法有助于将学生从被动的接受者转变为主动的知识建构者。

（2）组织讨论和合作学习

引入讨论和合作学习，让学生在团队中共同探讨问题、交流观点。这样的互动过程有助于教师更好地掌握学生的学习状态，同时也可以培养学生的团队协作和沟通能力。

（3）提供个性化支持

通过了解学生的兴趣和学科水平，教师可以为学生提供个性化的支持，包括选用不同的教材、设计个性化的任务等，以满足学生不同层次的需求。

4. 效果评估与反思

（1）学生参与度的提升

通过观察学生在学科学习中的主动参与情况，可以评估教师角色转变的效果。学生更积极的参与通常表明教师的引导和促进取得了良好的效果。

（2）学科实际运用能力的提高

关注学生的实际运用能力，观察他们是否能够将学科知识灵活应用于实际情境中。这是评估教师角色转变是否成功的关键指标之一。

（3）学生反馈的收集

收集学生对教师教学方法的反馈，了解学生的感受和看法，有助于教师及时调整教学策略，更好地满足学生的需求。

　　总之，教师角色的转变是大单元教学理念在小学语文课堂中的重要体现。通过从传统的知识传授者转变为学生主动学习的引导者和促进者，教师更好地适应了学科教学的发展需求，提升了教学的灵活性和实际效果。

第三章 小学语文课堂现状分析

第一节 小学语文课堂的现状

一、小学语文课堂概述

小学语文是学生语文学科学习的基础阶段，承载了学科知识的传授和语文素养的培养任务。这个阶段的教学内容涵盖了语文基础知识、阅读理解、写作表达等多个方面。小学语文教学旨在培养学生的语言表达能力、阅读理解能力及文学鉴赏能力，为学生未来更深层次的语文学科学习打下坚实的基础。

（一）小学语文课堂的含义

1. 教学任务的基础性描述

小学语文课堂承载着学生语文学科学习的基础任务，其教学目标多元而全面。在这个关键的学习阶段，教师旨在向学生传授坚实的语文基础知识，培养其基本的语言运用能力，包括对字词句的准确理解与运用，以及对基础语法知识的掌握。通过有机而渐进的教学设计，学生可逐步建立起语文知识的整体认知结构，为未来深层次的学科学习奠定基础。

除了语文基础知识的传递，小学语文课堂也注重培养学生的语言运用能力，包括学生的听、说、读、写四项技能，使其能够在实际生活中自如地交流和表达。通过各种实践性教学活动，学生将所学语文知识应用在实际情境中，为未来更高层次的语文学科学习打下坚实的基础。

此外，小学语文课堂还具有启迪学生对文学兴趣的重要任务。通过引导学生阅读优秀文学作品，唤起学生对文学的独特感受和理解，培养学生的文学鉴赏能力，让他们能够欣赏并理解不同文学形式的作品，拓展对文学世界的认知，为学生打开一扇通往广阔文学领域的大门，为未来深度文学学科的学习提供丰富的内在动力。

总之，小学语文课堂在教学任务的履行上具有特色，不仅注重语文基础知识的传递和语言能力的培养，还关注对学生文学兴趣的启迪。通过巧妙的教学设计，小学语文课堂为学生打下了坚实的语文基础，为其未来更深入的语文学科学习奠定了扎实的基础。

2. 课程内容的多元性

小学语文课堂的教学内容呈现出丰富多元的特点，满足学生全面发展的需求。

首先，语文基础知识的传授是课堂的重要组成部分，包括字词句的认读、语法规则的学习等，旨在帮助学生打下坚实的语文基础，使其能够准确理解和运用语言结构。

其次，阅读理解在小学语文课堂中占有重要地位。教师通过引导学生阅读不同文体的作品，培养他们从文本中获取信息的能力。这不仅有助学生更全面地理解和体验文学作品，同时也拓宽了他们的视野，培养了其深厚的语文素养。

最后，写作训练是小学语文课程的关键环节。教师通过各种启发性的教学方法，激发学生的创造性思维，培养他们的语言表达和写作能力。在写作过程中，学生不仅要学习简单地运用所学的语文知识，更要学会将自己的观点、情感巧妙地表达出来，培养综合素养和思维能力。

这些多元的教学内容使小学语文课堂不是单一知识的灌输，而是以培养学生全面语文素养为目标。通过语文基础知识的传授、阅读理解的培养和写作训练，小学语文课堂努力打破学科边界，使学生在语文学科中得到全面发展，为未来更高阶段的语文学科学习奠定坚实的基础。

3. 培养目标的明确性

小学语文教学的培养目标明确而全面，主要集中在培养学生的语言表达能力、阅读理解能力和文学鉴赏能力上，这三个方面的目标共同构成了学生语文综合素养的基石。

首先，语言表达能力的培养是小学语文教学的重要任务，教师要致力于使学生能够准确、清晰地表达自己的思想。通过各种实践性的语言活动，逐渐培养学生自信而流利的口头表达能力，以及在写作过程中书面表达的规范性和创造性。

其次，阅读理解能力是培养学生语文综合素养不可或缺的一环。教师通过设计多样化的阅读任务，引导学生独立理解和分析各种文本，培养他们对不同文体和主题的敏感性。这不仅提升了学生的语文水平，还培养了他们对信息的敏感性和批判性思维能力，使其能够更好地适应未来信息社会的挑战。

最后，文学鉴赏能力的培养旨在启迪学生的审美。通过引导学生阅读经典文学作品、参与文学讨论和创作活动，教师致力于激发学生对文学的热爱，并引导他们深入思考，对作品进行独立而深刻的鉴赏。这有助于培养学生对人文精神的理解和感悟，提升其文学综合素养。

总体而言，小学语文教学的培养目标明确、有层次，注重学生语言综合素养的全面发展。通过在语言表达、阅读理解和文学鉴赏三个方面的努力，小学语文教学旨在为学生未来更深入地进行语文学科的学习奠定坚实的基础。

（二）小学语文课堂教学的特点

1. 语文基础知识的系统性

小学语文课堂着眼于学生语文学科学习的起点，其中重要的组成部分包括字词句。通过巧妙设计的层层递进的教学方案，学生可以在这一阶段逐渐建立扎实的语文基础。

教师在课堂上注重拼音教学，帮助学生准确地发音、拼写。通过有趣的拼音游戏和练习，学生逐渐熟悉了拼音体系。同时，对常见字词的系统性学习也是课堂中的重要内容。学生通过课内外多种途径，逐渐积累了丰富的词汇，为日后的写作和阅读提供了丰富的语言资源。

教师通过生动有趣的例子和实际运用，向学生介绍了基本的语法规则，帮助他们理解句子结构，提高语言表达的准确性。这一过程不仅使学生熟悉了语法知识，同时也培养了他们对语言结构的敏感性和理解能力。

总之，通过有计划的教学设计，学生在课堂中逐步构建了对拼音、常见字词和基本语法的系统性认知，为他们未来更深入的语文学科学习奠定了坚实基础。

2. 阅读理解的实践性

小学语文课堂注重培养学生阅读理解的实践性，教师通过创设丰富的阅读场景和多样的文本，致力于提升学生对文学作品的深度理解和独立思考能力。

在课堂中，教师精心选择不同体裁和难度的文学作品，包括小说、诗歌、散文等，满足学生多层次的阅读需求。教师通过提问、讨论等方式，引导学生深入分析文本，启发他们主动运用各种阅读技巧，如泛读、略读等，更全面地理解文本内容。

此外，课堂也注重使学生能够从文本中获取信息、理解作者意图。教师通过针对性的教学设计，使学生在阅读过程中不只停留在表面的文字理解，更着重挖掘文本背后的深层含义，培养其对文学作品的深刻洞察力。教师鼓励学生提出自己的见解，促使他们形成独立的审美观点，培养其文学鉴赏能力。

总之，小学语文课堂通过注重阅读理解的实践性，使学生在阅读过程中逐步形成系统的阅读策略，提高其对文学作品的全面理解和独立思考水平。这有助于培养学生主动阅读的兴趣，提升他们的文学素养和语文综合素养。

3. 写作表达的创造性

小学语文课堂积极倡导写作表达的创造性，通过巧妙的教学设计，教师致力于激发学生的想象力和创造潜力，培养其独立构思和表达的能力。

在写作教学中，教师精心选择各种启发性的主题，鼓励学生展开丰富的想象。通过引导学生运用多样的修辞手法，如拟人、比喻、对比等，注重培养他们在写作过程中的创造性思维；鼓励学生表达个性化的见解和情感，使他们在书写中能够找到属于自己的独特风格。

写作活动的目的不仅在于培养学生的写作技能，更在于让学生从早期开始体验写作的乐趣。通过创造性的写作任务，学生能够感受到文字的魅力，体验到用语言表达思想的愉悦。教师在评价学生作文时，应注重发现和肯定学生的创意，鼓励他们勇于表达独特的见解，培养他们对语文学科的浓厚兴趣。

教师通过创造性的写作教学，培养学生的独立思考和表达能力，让他们在写作中找到发自内心的满足感，为未来更深层次的语文学科学习打下坚实的基础。

二、小学语文课堂现状的主要特点

（一）知识点分散

1. 知识点分散的背景

当前小学语文课堂知识点分散的现象，受多个方面的影响。其中，教材设置是一个关键因素。目前的教材内容往往呈现零散的特点，各种语文知识点分散地罗列在教学材料中，缺乏系统性和层次性，使学生在学习过程中难以形成对语文知识的整体认知，阻碍了其对学科内容的深入理解。

另外，教学方式也对知识点分散起到一定影响。在一些教学实践中，过于注重传统的知识点灌输，缺乏对知识的整合和深度拓展，导致学生只是片面地掌握各个知识点，难以融会贯通，形成更为完整的语文学科体系。

教学资源的不足也是导致知识点分散的原因之一。教师在课堂上面对繁多的知识点，可能因为时间有限或教材内容繁杂，难以深入挖掘每个知识点，造成知识的零散呈现。

2. 教学策略的不足

在小学语文课堂教学中，存在着一个较为显著的问题，即缺乏对知识点之间内在联系的明晰解释和引导。这一问题主要表现在教师的教学策略上。在教学过程中，教师通常更加侧重点、线、面等知识要点的传递，相对缺乏对这些元素之间关系的深入讲解和引导。

教师在课堂上可能会着重介绍具体的知识点，强调掌握某一点，而忽略这些知识点之间的内在联系和相互作用，使学生在学习过程中难以建立逻辑框架，无法将零散的知识点整合成一个有机的体系。例如，在学习一篇文学作品时，教师可能注重介绍文中的重要词汇和句子结构，较少涉及这些元素与整体情节、主题的关联，导致学生对文学作品的整体把握能力较弱。

这种教学策略的不足，影响了学生对语文学科整体认知的能力。学生可能在记忆单个知识点时表现出色，但在整体理解和运用语文知识时却显得力不从心。因此，教师需要在教学中加强对知识之间内在联系的引导，注重知识的整体性呈现，帮助学生更好地理解语文知识的系统结构，提升他们的学科综合素养。

3. 对学生整体认知的影响

知识点的分散直接影响学生对语文学科的整体认知能力。学生在学习过程中往往面对着各种堆积的零散知识点，而这些知识点之间缺乏有机的联系，使他们难以将所学知识融会贯通。这导致学生对语文学科内在逻辑结构的理解不够，进而影响对语文学科的整体把握和应用。

学生可能对某个具体的语文知识点有一定的了解，如掌握了某一类字词的拼读规则或某一类句型的语法结构，然而由于这些知识点存在孤立性，学生在运用这些知识进行整体性的分析、创作或理解时表现相对困难。他们往往无法在不同知识点之间建立起有效的关联，缺乏对整个语文学科知识体系的认识。

在实际的语文学科学习中，各个知识点相互联系、相互渗透。然而，分散的教学策略使学生难以把握这一系统性，影响了他们对语文学科整体认知的深度和广度。这种情况可能表现为学生在阅读理解、写作表达等综合性活动中遇到困难，他们无法将零散的知识点有机地结合起来，形成更为完整的语文应用能力。

（二）注重基础技能

1. 语文基础技能的重要性

在小学语文课堂中，注重语文基础技能的培养是一种被广泛认可的教学理念。这种教学理念既与语文学科的特性有关，又与语文学科的发展规律密切相关。

首先，作为一门语言学科，语文基础技能的培养对学生的日常生活和学习至关重要。字词句的认读是语文学科的基础，直接关系到学生对文本的理解和语言的准确运用。通过系统性的字词句训练，学生能够建立起对语言基本单位的敏感性和准确性。

其次，基本语法规则的掌握是语文学科的重要组成部分。语法规则对学生的语言表达能力具有重要影响，通过深入学习语法规则，学生能够更准确地理解和运用语言结构，提高表达的清晰度和逻辑性，这对培养学生的语言表达能力、阅读理解能力及写作能力具有积极意义。

最后，注重基础技能的培养也符合语文学科的发展规律。语文学科是一门渐进型的学科，学生在学习过程中需要循序渐进地掌握各个层次的基础知识和技能。基础技能的培养不仅有助于学生建立对语文知识的系统性认知，还能够提高学生的学科素养水平。

2. 技能培养的单一性

尽管强调基础技能的培养在小学语文课堂中具有合理性和必要性，但当前的教学还是存在单一性的倾向，表现为教学过程主要聚焦在字词句和基础语法规则等方面，缺乏对更高层次语文素养的全面培养，导致学生在语文素养和实际运用能力方面的发展相对薄弱。

首先，过于强调基础技能培养可能使教学过分注重零散知识点的传授，而忽视这些知识点之间的内在联系。语文学科具有整体性和综合性的特点，仅强调基础技能的培养难以激发学生对语文整体结构的深刻理解。

其次，过度注重基础技能的培养也可能导致对学生语文素养和实际运用能力的培养不足。语文学科旨在培养学生的语言表达能力、阅读理解能力及文学鉴赏能力，而这些素养往往涉及更高层次的知识和技能。单一强调基础技能的培养，难以使学生形成对文学作品的深层次理解，也限制了他们在实际生活中对语言的灵活运用。

3. 学科素养的不足

对基础技能的过度注重给小学语文课堂带来了一个显著的问题，即学生的学科素养相对不足。这主要表现为学生对语文的理解停留在字词表面，缺乏对语言深层次结构和语言运用规律的深刻认识，从而在进行综合性思考和表达时显得相对薄弱。

首先，过度注重基础技能的培养可能导致学生只关注语言表层现象，对语文的认知停留在字词表面。作为一门文学艺术科目，语文的内涵丰富而深刻，包括语法、修辞、文体风格等多个层面。由于教学过度注重基础技能的灌输，学生可能只是简单地记忆词汇、句法结构等基本元素，而缺乏对这些元素背后深层次规律的思考。

其次，对语文深层次结构和语言运用规律的认识缺乏，使学生在综合性思考和表达时存在困难。语文学科的综合性思考和表达要求学生具备对语言的深层次理解，包括对修辞手法、文学内涵等方面的把握。然而，过度注重基础技能的培养，使学生难以将所学知识有机结合，难以进行更深入的文本分析和综合性思考。

（三）重视应试教育

1. 应试教育的影响

在当前一些小学语文课堂中，教师面临着应试教育的巨大压力，因此，教学过度注重应试技能的灌输。这一趋势受到教育评估体系的制约，学校和教师可能感受到来自各方的期望，希望学生在各类考试中表现优异，以体现学校的教学水平和学生的学业成绩。

在这样的背景下，教学过程中的学科内容更趋向于满足应试需求。教师可能更侧重于教授与考试直接相关的知识点，强化学生的应试技能，以确保他们在考试中能够获得更好的成绩。这使语文教学逐渐偏离了对学生全面发展的关注，忽视了语文作为一门人文学科的广泛涵养作用。

这种单一性的教学理念限制了学生的语文水平。过度关注应试技能可能会导致学生对语文的理解停留在字词表面，缺乏对语言深层次结构和语言运用规律的认识。学生可能在课堂上表现出色，但在实际生活中却难以灵活运用所学语文知识。这影响了学生对语文学科整体认知的建构，使他们的学科素养在多方面的发展上存在不足。

2. 教学过程的偏向

应试教育使小学语文课堂的教学过程产生了显著的偏向，教师过度侧重于对考试内容的讲解，而忽视了对学生综合素养的全面培养。在紧张的教学计划下，教师感受到来自学校和家长的期望，因此迫切关注学生的应试表现，这导致语文课堂逐渐偏离了对学科全面发展的关注。

这种单一性的教学理念限制了语文课堂对学生多方面能力的培养。教学过程中，教师可能会过多注重应试技能的训练，确保学生在考试中取得好成绩。教学过程中的偏向影响了学生在语文课堂中的全面成长，学生可能对语文知识点的掌握仅停留在应试需要的层面，难以形成对语文学科整体结构和深度的认知。这种单一性的教学理念使语文课堂缺乏对学生审美情感、创造性思维等方面的引导，无法真正激发学生对语文学科的浓厚兴趣。

3. 综合素养的缺失

由于过度关注应试技能，学生的综合素养相对缺失。当前的小学语文课堂普遍存在这样的情况，即学生能够熟练掌握考试所需的知识和技能，在课堂上表现出色，但在实际生活中却难以灵活运用所学语文知识。这种狭隘的教学理念使学生的语文能力难以在实际情境中得到全面展现。

综合素养涉及对语言的理解、运用和创造，以及对文学、文化等方面的独立见解和深度认识。当前教学普遍过于强调应试，学生的语文学科发展偏向表面技能的训练，对于批判性思维、创造性表达等高层次语文素养的培养相对欠缺。

这种综合素养的缺失表现为学生难以灵活运用所学的语文知识。虽然他们可能在应试环境中表现出色，但当需要运用语文进行人际沟通、解决问题或创造性思考时，他们的能力便相对薄弱。这种现象反映了教学目标过度侧重狭隘的知识点和技能，而忽视了语文教育应该全面培养学生的能力和素养的本质要求。

第二节　小学语文课堂教学中存在的问题

一、当前教学存在的问题

（一）教学内容碎片化

1. 教学内容零散的原因

（1）教材设计的缺陷

在当前小学语文教学中，教材设计存在一定的缺陷，最为显著的问题是教学内容的零散性。在很多教材中，编排方式往往以知识点的孤立性为基础，缺乏统一的主题和内在逻辑，影响了整体教学的有机性和连贯性。

这种缺陷首先表现在教材的组织结构上。教学内容常常过于零碎，知识点之间缺乏有效的关联，使学生难以建立起对语文知识的整体认知。这种零散性的设计导致学生在学习过程中难以形成系统的知识体系，阻碍了他们对语文学科的全面理解。

教材设计的缺陷还表现在缺乏统一的主题和内在逻辑上。在一些教材中，各个单元之间的联系相对较弱，缺乏贯穿全书的主题线索，使学生在学习过程中难以建立知识的框架结构，缺乏对整个学科体系的清晰把握。

（2）教学方法的单一性

教学方法的单一性是导致教学内容碎片化的一个重要原因。在当前的小学语文教学中，一些教师偏重于传授孤立的知识点，缺乏将这些知识点整合到更大的语境中的方法，使学生难以形成对知识的整体认知。这种单一性的教学方法导致学生只对零散的知识点有所了解，难以将这些知识点融会贯通，形成对整个学科的全面认知。

（3）评价体系的制约

当前的教学评价体系往往更注重考核学生对特定知识点的熟悉程度和记忆能力，例如对单一概念或技能的掌握程度的评估。这使得教师在课堂教学中更侧重教授独立的知识点，以满足评价的需求，导致学生缺乏对知识整体性的认知。

2. 学科认知受限

（1）整体认知的缺失

教学内容碎片化导致学生在语文学科中整体认知的缺失。这种现象使学生难以建立起系统性的学科框架，无法清晰地看到知识点之间的内在联系，阻碍了学生对语文学科全貌的深入理解。

当前教学内容的零散组织使学生更容易将语文知识视为孤立的点，而非相互关联的部分。学科的内在逻辑和整体结构难以被学生理解，因为课堂教学往往侧重于单一知识点的传授，缺乏对知识的融会贯通。学生可能虽然在记忆单个知识点时表现出色，但难以将这些知识点有机整合，形成对学科的全面认知。

（2）思维深度受阻

学生在语文学科中进行深度思考时受到了阻碍，主要源于教学内容的知识点之间关联性不强。这导致学生更倾向简单地记忆知识点，难以形成对语文学科本质的深刻理解，从而限制了他们在实际情境中综合运用语文知识的能力，学生在解决问题和培养创造性思维时也会受到制约，思维深度受到阻碍。

3. 解决方案的必要性

小学语文教材设计的零散性问题影响了教学效果。为解决这一缺陷，未来的教材设计应更注重知识点之间的内在关联，强调整体结构的有机性，以提升学生对语文知识的深刻理解和应用能力。

首先，调整教材结构是解决教学内容碎片化问题的重要措施。通过对教材结构的重新设计，可以使教师更有机地将知识点融合在一个主题下，形成更具连贯性和系统性的教学内容。教师通过将相关的知识点进行整合，以主题为纽带，使学生在学习过程中更容易建立起知识之间的内在联系。教材的调整还应该注重知识的渐进性，由浅入深，有助于学生更好地理解语文知识的发展脉络，提高整体认知水平。

其次，改进教学方法是应对碎片化问题的关键之一。教师可以采用更多的综合性教学方法，将知识点融入更大的语境中。通过引入问题和项目制等教学手段，使学生不仅能够获取零散知识，更能够将知识点应用到实际场景中，培养对语文学科的综合性理解和应用能力。

再次，引入大单元教学理念是促进整体性学科认知的有效途径。大单元教学理念强调将知识点组织成大单元，通过主题的统一和引入跨领域的大单元，使学生在学习中更好地理解知识的联系和应用，能够在更广阔的语境中思考问题，培养对语文学科整体性的认知和把握。

最后，建立全新的教学评价体系是解决问题的综合策略。当前的评价体系偏向考核学生对零散知识点的记忆和掌握，而较少关注学生对知识的整合运用，因此需要建立更注重学科整体认知和实际运用能力的评价指标。通过全新的评价机制，教师可以更好地引导学生形成对语文学科的整体认知，激发其对语文知识的主动探究和深刻理解。

（二）学科应用能力不足

1. 应用能力的重要性

（1）现实需求的变化

当今社会越发重视语文学科的应用能力。随着社会的发展，人们对语文能力提出了更高的要求，不仅要求学生掌握基础技能，还需要他们能够在实际生活中运用所学知识。

（2）培养综合素养

学科应用能力的培养不仅是为了应对考试，更是为了培养学生的综合素养。通过将语文知识运用到实际中，学生能够更好地理解语言的力量，提升语文学科在社会中的实际价值。

2.缺乏灵活运用能力

（1）传统教学的局限性

当前传统的小学语文教学过于注重基础技能的培养，而忽视了学生对知识的深入理解和灵活运用能力的培养。

（2）面对问题的困难

学生在面对实际生活问题时，由于缺乏灵活运用语文知识的能力，往往难以有效地解决问题。这不仅影响他们的学科素养，也制约了其社会交往的能力。

3.强化实践性教学

为解决学科应用能力不足的问题，教师需要加强实践性教学。

（1）案例分析的重要性

教师可以采用案例分析的方法，引导学生运用所学语文知识解决实际问题，提升其实际应用能力。

（2）情景模拟的实施

教师通过在课堂中进行实际情景模拟，创设真实的语文应用场景，使学生能够在模拟的环境中更好地运用语文知识，增强解决实际问题的能力。

（3）跨学科融合

强化实践性教学还需要融入跨学科的元素，使学生在解决问题时能够综合运用不同学科的知识，培养综合素养。

（三）学科兴趣减退

1.学科兴趣与学习动力

（1）兴趣对学习的影响

学科兴趣是学生学习的内在动力之一，直接关系到他们对知识的接受程度和学习的积极性。当前一些学生对语文学科失去兴趣，可能是由于传统的教学方式未能激发学生的学科兴趣，使其学习动力减弱。

（2）学科兴趣减退的影响

学科兴趣的减退不仅影响学生对语文学科的学习热情，更可能导致他们对学科产生消极态度，从而降低学习动力，影响整体学业表现。

2.提升学科吸引力

（1）引入生动有趣的教学内容

为了提升学生的学科兴趣，教师可以通过引入更加生动有趣的教学内容，使学生在学习中感受到语文学科的趣味性。例如，将当前的流行文化、科技元素融入相关教学内容中，使学科更具吸引力。

（2）多样化的教学活动

多样化的教学活动也是提升学科吸引力的有效途径。教师可以通过组织文学沙龙、语文竞赛等活动，激发学生对语文学科的浓厚兴趣，使他们更愿意学习语文。

3.个性化教学的探索

（1）学生个体差异的关注

个性化教学强调关注学生的个体差异，充分考虑学生的兴趣点和学科需求。教师在设计教学内容时可以采用多样的教学方法，更灵活地满足学生的需求，使课堂更具个性化。

（2）贴近学生的实际需求

个性化教学需要教师深入了解学生的兴趣爱好，设计更具实际意义的教学内容，使课堂内容贴近学生的实际需求，更好地引发学生对语文学科的兴趣。

（3）激发学生主动性

教师通过个性化教学，激发学生的学习积极性。教师可以根据学生的兴趣点设计相关教学任务，激发学生在学习中的主动性，提升其对语文学科的热爱。

二、问题的具体体现

（一）学生写作水平低下

1.篇章结构混乱

（1）问题现状

首先，学生在写作中主要表现出组织文章结构时缺乏清晰的层次感的问题。这一情况可能源于学生对于论述思路的理解不够深刻，导致他们在表达时难以合理地构建起篇章的框架，难以呈现清晰的层次结构，从而影响读者对文章内容的理解。

其次，学生在论述思路时存在混乱的现象。在写作中，学生可能没有充分考虑读者的阅读需求，未能准确把握写作目的。缺乏明确的写作目标会导致思路混乱，篇章结构变得杂乱无章，使读者难以顺利理解文章内容。

再次，学生的逻辑表达不清。学生在写作过程中可能没有清晰的思路，导致在表达观点时显得支离破碎。这表明学生在逻辑表达方面存在不足，不能很好地组织语言来展现自己的观点，使文章在表达上显得混乱，难以对读者产生有利影响。

最后，学生可能对文体和写作规范不熟悉。学生在写作时可能未准确把握不同文体的结构特点，或者对于写作规范缺乏深刻的认识。这导致他们在构建篇章结构时存在偏差，违背相应文体的写作规范，影响了整体的写作质量。

（2）原因分析

首先，篇章结构混乱的问题根源于学生对文章组织的理解不足。学生可能未深刻领会论点、论据和论证之间的关系，缺乏对文章整体框架的理解，对构建篇章结构困惑，难以使观点层次清晰，影响整体写作的连贯性和逻辑性。

其次，学生对于段落的组织理念不够明晰。段落在文章中具有重要的组织功能，合理的段落结构有助文章的层次分明，然而学生可能未准确理解何时进行段落划分、如何确保段落内部一致性等问题，导致段落结构不够紧凑，难以体现文章的整体结构。

最后，学生可能缺乏对于写作目的和表达需求的准确认知。如果学生对于写作目的缺乏明确认知，就难以在写作中合理组织篇章结构，从而影响整体的表达效果。

2.表达能力薄弱

（1）学生表达的瓶颈

首先，学生在表达能力方面的瓶颈表现为对词汇的受限使用。学生在写作中往往倾向于使用相对简单、常见的词汇，难以展现语言的丰富性和多样性。这可能是因为学生尚未建立起丰富的词汇储备，对于一些具有较高难度和复杂性的词汇缺乏熟练掌握。解决这一问题需要通过系统性的词汇扩展训练，引导学生积累更多的同义词、近义词，提高表达的精准性和多样性。

其次，学生在表达方式上的瓶颈表现为缺乏多样化的语言表达。学生习惯于使用相似的句式结构和表达方式，难以展现出写作的多样性和灵活性。这可能是由于学生对于句法结构和表达方式的掌握还不够熟练，缺乏尝试运用不同结构的意识。教师可以通过引导学生阅读各类文学作品，学习他人的表达方式，并在写作过程中鼓励学生尝试运用不同的语言结构，培养其多样化的表达能力。

再次，学生在语言表达中缺乏准确性。学生可能在语言表达中出现词语搭配不当、语法错误等问题，导致表达的准确性下降。这需要教师在批改作文时注重指导学生纠正语法错误，同时引导学生学习常见词语的用法，培养其对语境的敏感性。

最后，解决学生在表达方面的瓶颈还需要关注写作过程中的反思与修正能力。学生在写作中应该具备自我检查、发现问题、主动修正的意识和能力，教师可以通过组织写作讨论、提供同学互评等方式培养学生对于自身写作的反思能力，引导他们不断改进，逐渐提高表达水平。

（2）培养多样化的表达方式

首先，拓展学生的词汇量是培养多样化表达方式的关键。学生在写作中若要运用多样的表达方式，必须储备丰富的词汇。教师可以通过词汇扩展的课程设计，引导学生学习并积累一些富有表现力和多义性的词汇。这不仅包括基础词汇的拓展，还包括学习一些具有特色的词汇，使学生在表达时更具生动性和独特性。

其次，引导学生尝试使用不同的表达方式。教师可以设计富有启发性的写作任务，要求学生在表达中运用形象生动的拟人、比喻等修辞手法。通过这些练习，学生可以逐渐领悟到不同表达方式的特点，培养对语言的敏感性和创造性。

再次，教师可以通过文学作品的分析和解读，引导学生学习优秀作家的表达方式。通过阅读和模仿，学生可以学习到更多的表达技巧和写作风格，从而在自己的写作中融入更多的元素。这种学以致用的方式能够激发学生对多样化表达方式的兴趣，提高他们的创作水平。

最后，教师在评价学生作品时要鼓励多样化的表达方式。通过及时、具体的反馈，教师可以引导学生认识到哪些表达方式更为生动、更为有趣，并在鼓励的同时提出改进的建议。通过这样的评价机制，学生在写作中将更愿意尝试新的表达方式，形成更加多样化和富有创意的写作风格。

3. 与实际生活场景脱节

（1）学生缺乏对生活细节的观察

首先，学生缺乏对生活细节的观察可能源于他们对周围环境的关注不足。当前，学生受到大量数字信息和虚拟世界的干扰，忽视了对身边真实生活场景的观察，教师需要通过相关课程和活动引导学生关注周遭环境，提升对生活的独特洞察力。

其次，学生在写作中缺乏对生活细节的观察可能是因为他们缺乏对感官体验的深入思考。写作需要通过五官的感知来传递真实的生活细节，而学生可能忽略了这一点。通过启发学生运用五官进行深度感知，如视觉、听觉、嗅觉、触觉和味觉，可以使他们更有创造性地描绘生活中的细节。

再次，学生缺乏对生活细节的观察可能是由于他们对文学作品欠缺了解。文学作品往往通过生动的描写展现生活的细节，而学生如果没有接触和理解优秀的文学作品，就可能无法在写作中融入生动的生活场景。教师可以通过文学欣赏，引导学生学习如何通过细节描写丰富作品的内容。

最后，学生缺乏对生活细节的观察也可能是因为他们缺乏对写作目的和受众的明确认识。在写作过程中，学生需要清晰地了解他们要表达的信息、情感或意图，并根据受众的需求选择性地描绘生活细节。教师应引导学生思考写作目的，使其更有针对性地观察和表达生活中的细节。

（2）教师鼓励实地观察与体验

首先，教师鼓励学生进行实地观察和体验可以通过安排考察活动来实现。例如，组织学生参与社区服务、自然保护等文化活动，让他们亲身感受生活的多样性。通过这些实地体验，学生能够深入了解不同场景下的生活细节，为写作提供更为具体和真实的素材。

其次，教师可以借助现代科技手段，如虚拟现实技术，为学生提供更广泛的实地观察体验。学生"身临其境"地感受不同文化和环境的生活场景，有助于拓宽视野，提高对生活细节的感知能力。

再次，教师应鼓励学生参与社会实践活动，如志愿服务、采访等，深入了解书中人物的生活故事。通过与他人交流，学生能够更好地领悟不同个体的生活细节，为写作创作提供更具深度和广度的素材。

最后，教师可以要求学生根据实地观察和体验进行创作，可以是关于自然景观、社会现象、文化体验等方面的写作任务，学生能够更生动地描绘生活场景，培养对细节的敏感性和表达的丰富性。

（二）阅读理解能力不足

1. 对文学作品的理解不深入

首先，为解决学生对文学作品理解不深入的问题，教师可以在课堂教学中采用启发性的方法。通过提出开放性问题、引导学生展开讨论，可以激发学生对文学作品更深层次的思考。例如，可以针对作品中的关键场景、人物关系、主题等方面提出深度思考的问题，引导学生深入挖掘作品的内涵。

其次，教师还可以通过讲解文学作品的文化背景、时代背景等来拓展学生的认知维度。对于一些文学作品，了解作者创作背后的文化脉络、历史事件等，有助于学生更好地理解作品的深层含义。通过这样的讲解，学生可以更全面地理解文学作品的内涵，提高对象征意义和隐喻手法的敏感性。

再次，教师还可以组织学生进行小组讨论和文学研讨会，让他们分享自己的观点。通过交流，学生可以从不同的角度听取他人的解读，拓宽自己的视野，进一步深化对文学作品的理解。同时，学生在表达自己观点的过程中也会更加仔细地思考作品的深层内涵。

最后，教师可以设计有针对性的写作任务，要求学生深入剖析文学作品。通过对关键场景、人物性格、情节发展等方面展开分析，学生能够加深对作品的理解，提高对文学作品的分析能力。

2. 阅读理解能力待提高

首先，可以采用分层递进的教学方法。教师可以先指导学生抓取文本中的关键细节，然后逐步拓展到对整体结构的理解，帮助他们建立起对文本内容的全面认知。

其次，注重培养学生的阅读策略和技巧。教师可以引导学生在阅读时采用一定的策略，如预测、提问、概括等。通过培养这些阅读策略，学生可以更有针对性地把握文本的细节和结构，提高阅读理解的准确性和深度。

再次，设计多元化的阅读任务和活动。通过多样性的任务，如小组讨论、角色扮演、文本分析等，激发学生对文本的兴趣，提高他们对文学作品的深度理解能力。同时，引导学生参与文学作品的实际演绎和创作，培养他们主动运用阅读理解能力的习惯。

最后，借助技术手段提升阅读体验。教师可以引导学生使用数字化资源，如电子书等,利用多媒体元素辅助阅读。这有助于激发学生的兴趣,提高他们对文学作品的整体理解水平。

3. 要培养批判性思维

首先,可以引导学生运用文学批评方法。通过在课堂上介绍不同的文学批评的流派和方法,使学生更全面地理解文学作品,并培养其对作品进行深度评价的能力。教师还可以激发学生对文学批评领域的兴趣,鼓励他们主动参与学术性的讨论和研究。

其次,注重培养学生的文学鉴赏能力。教师可以引导学生通过分析文学作品的语言运用、结构安排、人物刻画等,深入挖掘作品所蕴含的文化、历史等层面的意义。通过对文学作品的多层次理解,培养学生对作品进行批判性思考的能力,使阅读更具深度。

再次,设计开放性的讨论和写作任务。教师可以通过组织小组讨论、撰写文学评论等方式,引导学生表达个人观点并接受他人的批评,培养学生对文学作品的独立见解和批判性思考的能力。同时,教师可以给予学生足够的自由度,让他们从不同角度进行批判性分析。

最后,提供多元文本的阅读体验。教师可以引导学生阅读不同的文学作品,拓宽他们的文学视野。通过多元文本的阅读,学生可以更好地理解作品背后的文化内涵,培养批判性思维。

第三节　大单元教学在小学语文课堂中的应用前景

一、大单元教学解决问题的潜力

（一）整合知识点

1. 问题背景

（1）知识点分散的原因

当前小学语文课堂存在知识点分散、碎片化的问题,主要源于教材设计和教学方法上的不足。教材编排通常较为零散,难以形成连贯的教学主题,使学科知识点之间缺乏明确的逻辑关系,导致学生在学习过程中难以形成对语文知识的整体认知。

（2）学科认知受限

碎片化的教学内容影响了学生对语文学科的整体认知。学生难以建立起系统性的学科框架，对语文知识点之间的内在联系理解不深，阻碍了深度思考和综合运用语文知识的能力。

（3）解决方案的必要性

为应对这一挑战，教师有必要通过调整教材结构和改进教学方法，使教学内容更具有连贯性和系统性。引入大单元教学理念，将知识点有机地融合在一个主题下，有助于提升学生对学科知识的整体性认知。

2. 大单元教学的作用

（1）以主题为核心

大单元教学强调以主题为核心，将相关的知识点有机整合在一起。教师通过以一个大主题为引导，使教学可以更好地贯穿整个学期，有助学生在一个相对完整的语境中接触到各个知识点。

（2）帮助学生建立系统的认知结构

这种整合不仅可使学生更好地理解知识点之间的内在联系，还可以帮助他们建立更为系统和完整的语文认知结构。通过在大主题下深入学习，学生能够将零散的知识点串联起来，形成更为系统的知识体系。

（3）强调综合能力的培养

大单元教学不仅关注个别知识点的掌握，更注重学生在综合运用各个知识点时的能力。这有助于培养学生的综合能力，使其在实际应用中更具有灵活性。

3. 教学实践

（1）设计大单元课题

教师可以通过设计大单元课题，将相关知识点融合在一个主题下。例如，以一部经典文学作品为大单元课题，教师通过分析文学元素、历史背景等，可使学生在整体上理解并连接不同的知识点，使学科知识更具深度和广度。

（2）多样化的教学手段

在大单元教学中，引入多样化的教学手段，如小组合作、讨论、实践性任务等，有助于激发学生的学习兴趣和主动性。通过在一个主题下展开不同形式的教学活动，学生可以更全面地体验语文学科的丰富性。

（3）评价体系的调整

教师为了更好地贴合大单元教学的理念，也需要对评价体系进行调整。不仅要注重学生对个别知识点的掌握情况，还应该更多地关注学生在整体大单元中的学科表现。这样的评价方式更有利于全面发展学生的语文素养。

（二）注重实际应用

1. 问题背景

在当前的小学语文课堂中，学生在语文实际应用方面的能力相对薄弱，存在着偏向基础技能培养的趋势。他们缺乏对语文知识的灵活运用能力，难以将所学知识与实际生活有机结合，在日常生活和未来职业中难以充分发挥语文学科所赋予的综合性优势。

2. 大单元教学的作用

大单元教学理念对解决学生应用能力相对薄弱的问题具有积极意义。教师通过深入挖掘主题，使学生更好地将语文知识应用在实际生活场景，有助于打破传统教学中知识点的孤立性，使学生能够更有目的性地运用所学语文知识。

大单元教学不仅注重学生对语文知识的单一掌握，更强调他们在解决实际问题时能力的提高。通过在大单元主题中引入实际场景，学生可以更深入地理解语文在实际生活中的应用，在日常交流和解决问题时更具信心和效果。

3. 教学实践

（1）实际应用任务设计

在大单元教学中，教师可以巧妙地设计实际应用任务，让学生在解决实际问题的过程中运用语文知识。例如，要求学生撰写一篇关于社会问题的文章，要求他们不仅要运用语文知识进行表达，还要能深入理解语文在社会实践中的应用。这样的任务设计，能够使学生更直观地感受到语文知识在实际生活中的作用。

（2）强化实践性教学

为了更好地培养学生的实际应用能力，大单元教学应强调实践性的教学方法。通过案例分析、实际情景模拟等方式，学生可以在课堂中更多地接触语文知识的应用场景，培养解决实际问题的能力。

（3）与其他学科的整合

大单元教学还可以通过与其他学科的整合，使语文知识更贴近实际应用需求。例如，与社会学科、自然科学等进行跨学科合作，学生能够更全面地理解语文在不同领域的实际应用场景。

二、应用前景的预测

（一）激发学科兴趣

1. 问题背景

在当前小学语文课堂中，部分学生对语文学科失去了兴趣，这可能是因为受到教学方式的制约，教学内容难以激发学生主动学习的积极性。这一情况不仅影响了学生对语文学科的热情，也阻碍了他们在学科素养方面的提升。

2. 大单元教学的作用

（1）引入有趣主题

大单元教学具有引入有趣且富有挑战性主题的优势，这能够激发学生的好奇心和学科兴趣。通过选择富有吸引力的主题，如科幻小说、探险故事等，教师能够更好地吸引学生的注意力，使学科内容更贴近学生的生活。

（2）多方位学科涉猎

大单元教学注重整体性学科认知结构的建立，通过多方面的学科涉猎，学生可以更全面地认识语文的魅力，更好地理解语文的广度和深度。

3. 教学实践

（1）选择具有吸引力的主题

在大单元教学中，教师可以精心选择具有吸引力的主题。通过挑选与学生生活相关、引人入胜的故事情节，可以激发学生对语文学科的浓厚兴趣，有助于改变学生对语文的看法，使其认识到语文并非枯燥乏味，而是一个充满乐趣和挑战的学科。

（2）生动有趣的教学方式

在教学实践中，教师应采用生动有趣的教学方式，使学科内容更活泼。通过讲述故事、运用多媒体资源等，增加学科的趣味性，提高学生的学科参与度。

（3）小组讨论和主题相关的活动

为了更好地激发学生的学科兴趣，教师可以组织小组讨论和主题相关的活动。通过与同学共同探讨主题，展开有趣的讨论，学生可以在合作中体验到学科的魅力，增加对学科的兴趣。

（二）培养综合素养

1. 问题背景

当前小学语文课堂普遍存在学生在语文实际应用方面能力相对薄弱的问题。教师教学主要注重基础技能的培养，在语文素养和实际运用能力方面的培养相对不足，使学生在面对生活问题时，难以灵活运用所学的语文知识，影响语文素养的发展。

2. 大单元教学的作用

大单元教学注重知识的整合和学科素养的培养。以主题为核心，将相关知识点有机整合在一起，使学生更好地理解语文知识的内在联系，提升语文素养。

3. 教学实践

（1）设计综合性任务和项目

在大单元教学中，教师可以通过设计综合性的任务和项目，激发学生对不同层面语文知识的运用。例如，以一个大主题为背景，让学生进行小组合作，完成一项整合性任务。这个任务可以包含文学鉴赏、写作及实际应用等多个方面，使学生在任务中全面发展语文素养。

（2）小组合作完成整合性任务

通过小组合作完成整合性任务，学生可以更好地运用所学的语文知识。在任务中，他们不仅需要展示对文学作品的理解，还需要进行文学创作，同时将语文知识应用于实际场景。这种综合性的学科活动有助提高学生的实际运用能力，培养他们的综合素养。

第四章 大单元教学在小学语文课堂中的应用案例

第一节 案例一：整合式大单元教学

小学语文教材一般以单元的形式进行编排，每个单元都有其特定的训练目标和训练重点，而单元内不同课文又各具风格与特色，从而形成一个较为系统的逻辑结构。因此，打破传统的教学模式，从单元思想出发实施"单元整合教学"应成为小学语文课堂教学改革的一个重要方向，为学生主动学习、合作学习、探究性学习提供更多的空间。

一、诵读训练策略

朗读是阅读教学中最重要、最经常的练习。用普通话正确、流利、有感情地朗读课文，既是一种重要的能力，也是理解内容、体会思想感情最常用的方法。在教材中，有些单元课文不但内容浅显，文字通俗易懂，学生理解障碍小，而且文质兼美，抒情意味浓厚，十分适宜朗读训练。采用以读代讲的方法，不但可以节约课堂讲解分析的时间，还可以提高课堂阅读的教学效率。基本教学流程为：整体感知，了解大意；以读代讲，理解感悟；诵读展示，升华情感。如以"自然奇观"编写的《观潮》《雅鲁藏布大峡谷》《鸟的天堂》《火烧云》等课文，通过单元朗读课，可以让学生感受到大自然真像一位神奇的魔术师，在世界上留下了那么多绚丽的自然风光和奇妙的自然现象，使学生油然而生热爱大自然的思想感情。

（一）整体感知，了解大意

1. 教师利用多媒体资源引导学生

在课程的起始阶段，教师可以充分利用多媒体资源，通过呈现精心设计的课件，向学生展示钱塘江大潮、雅鲁藏布大峡谷、鸟的天堂和火烧云等自然奇观的雄伟景象。这样的多媒体呈现不仅使学生在课堂上能够通过视觉、听觉等多种感官全面感知自然奇观的美丽与壮观，还能使学生在心灵上产生深刻的共鸣，激发其对大自然的好奇和热情。

教师通过展示精美的图片，再配以生动的描述，学生仿佛被引导进入了自然奇观的美丽世界。例如，当展示钱塘江大潮的壮观场面时，学生能够通过画面感受到大自然的力量，听到江潮的拍打声，仿佛置身其中；当展示险峻的雅鲁藏布大峡谷时，学生可以在课堂上领略到大自然的美妙，感受到地球的神奇。

教师通过多媒体的形式呈现自然奇观，不仅可以让学生在有限的课堂时间内全面感知大自然的美，也使课堂变得更加生动有趣。这样的引导方式能够激发学生对课文主题的兴趣，营造积极向上的学习氛围。

此外，多媒体资源还能够提供更多的信息，使学生对自然奇观的认知更加全面。通过播放视频、音频等多媒体资料，教师可以向学生传递更多关于这些奇观的科学知识、文化背景等方面的信息，在感性认知的同时，培养学生的理性思维。

通过充分利用多媒体资源引导学生感知自然奇观，能够在短时间内生动展示课文所描述的景象，激发学生的好奇心和热情，为后续的阅读和讨论打下坚实基础。这样的引导方式使学生更加主动地投入学习中，提高了课堂教学的吸引力和效果。

2. 教师引导学生通读整个单元的课文

整体感知阶段的另一个关键任务是引导学生通读整个单元的课文。这一步骤的目标是学生通过整体阅读，能够迅速把握课文的大致内容，建立起对自然奇观的基本认知，同时培养对课文内容的浓厚兴趣，为后续深入理解奠定坚实基础。

教师可以采用多种方式引导学生进行整体通读。首先，可以通过提供各种辅助材料，展示整个单元的课文大纲，简要介绍每篇文章的主题和要点。这样

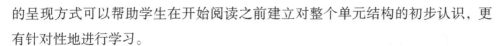

的呈现方式可以帮助学生在开始阅读之前建立对整个单元结构的初步认识，更有针对性地进行学习。

其次，教师可以设计一些导读问题，要求学生在阅读前思考，激发他们的好奇心和求知欲。例如，在通读课文之前，可以问学生对自然奇观有哪些了解，是否有过类似的经历，以及他们对于自然奇观的感受和想法。这样的导读问题有助在学生的心智中构建起一个与课文相关的认知框架，激发他们的兴趣。

在整体通读的过程中，教师还可以鼓励学生尝试用自己的语言复述课文大意，或者进行简要的小组讨论，让学生能够从彼此之间的交流中获取新的见解。这种互动式的学习方式有助于激发学生的学习主动性，提高他们对课文内容的关注度。

总的来说，引导学生通读整个单元的课文是为了在课程的初期培养学生对自然奇观主题的浓厚兴趣，使他们在后续的深入学习中能够更好地理解、感知和表达。这一步骤是整个学习过程中的关键一环，为学生的文学素养和综合能力的提升奠定了基础。

（二）以读代讲，理解感悟

1. 学生反复朗读，形成对课文的深入理解

在以读代讲的阶段，教师的关键任务是引导学生以多种形式反复朗读课文，通过声音的表达和情感的投入，帮助他们深入理解课文所传达的信息。特别是在《观潮》一文中，教师可以巧妙运用配乐等手段，使学生更好地感受江潮的变化，进而深刻理解课文中描述的自然奇观。

首先，教师可以通过指导学生朗读的方式，让他们在口头表达中感受课文的语言节奏和表达方式。通过反复朗读，学生能够更加熟悉文章的结构，逐渐掌握作者运用的修辞手法和语言风格，从而在表达时更贴近原文的语境。

其次，教师引导学生通过朗读深入理解文章所描绘的场景和情感。在《观潮》一文中，通过模拟江潮的声音和力度，学生可以更好地体会大自然的神奇和力量。教师可以提供音频资源，或者和学生一同制作音频，使朗读活动更加生动有趣，引起学生对课文情境的共鸣。

在反复朗读的过程中，教师还可以引导学生注重语调的变化，通过调整语音的高低、快慢，表达出课文中不同部分的感情色彩。特别是在描写自然奇观

的部分，通过声音的传达，学生可以更加深刻地感知大自然的壮丽景象，增强对课文的感性认知。

通过多次反复朗读，教师可以帮助学生逐步深入理解课文。这种亲身参与的学习方式不仅有助于提高学生对文学作品的欣赏水平，还能够激发他们对自然奇观的独特体验和感悟。

2. 在读中悟文，在读中悟情

教师应鼓励学生在朗读的过程中进行深层次的想象，通过课文中的描写，让学生产生对自然奇观的形象感知。具体而言，通过理解诸如"山崩地裂""风号浪吼""人山人海""人声鼎沸"等生动形象的词语，学生可以在朗读时运用想象力，将自己带入作者描绘的场景中，从而更好地理解并深刻体验课文所传达的情感。

在这个阶段，教师可以提供一些引导性的问题，激发学生进行思考。例如，可以问学生在朗读时，是否能够感受到山崩地裂的声势、风号浪吼的磅礴气势、人山人海的场景，以及人声鼎沸的喧嚣氛围。通过这类问题，引导学生在想象中更全面地感知自然奇观，使他们在心灵中建构起生动的图景。

教师还可以通过讨论，让学生分享想象成果，促使学生更深入地理解和感悟课文。在这个过程中，可以引导学生表达他们在朗读时的思绪和感受，从而形成对自然奇观的独特理解。这种交流不仅有助于拓展学生对课文的理解深度，还能够促使他们从不同角度思考和感受自然奇观的美妙。

（三）诵读展示，升华情感

1. 选取最吸引人的句子或段落进行展示

学生学习完整个单元的课文后，教师可以组织一个展示环节，让学生选取并分享本单元课文中最吸引人的句子或段落。学生通过个性化的选择，展示课文中他们认为最引人入胜的部分，可以进一步激发他们对自然奇观的热爱和向往。

展示环节旨在培养学生的表达能力和独立思考能力。这个环节还可以通过学生间的互动，促进彼此之间的交流和理解。学生在分享时可以简要陈述自己选择的句子或段落，并阐述为什么觉得这部分内容最吸引人，其他人则可以提出问题或发表意见，形成积极的学习氛围。这种互动不仅有助学生更好地理解课文，还能够促进学生对彼此的尊重和欣赏。

最终，学生能够通过分享自己的喜好和感受，将个体的情感体验融入整个集体中，形成对自然奇观共同的热爱和向往。这样的学习方式既强化了学生对课文的深度理解，又促进了班级内部的情感交流，使整个学习过程更为丰富和有趣。

2. 检查学生学习情况，培养学生的自我展示能力

这个学习环节旨在检查学生对整个单元课文的学习情况，并培养其自我展示的能力。通过在全班同学面前展示自己选取的最吸引人的课文部分，学生不仅可以展示自己的学习成果，还能够培养自信心，提高自我表达能力。

首先，学生在展示前需要仔细选择并准备好要呈现的课文片段。这个过程本身就是对课文内容深入理解的一次回顾和总结，学生需要考虑哪些语言表达更具有感染力，哪些描写更能引起共鸣，从而选定能够最好展示整个单元主题和情感体验的部分。

其次，学生在展示时可以简要解释为什么选择了这个部分，并分享自己的感受和理解。通过语言表达，学生能够进一步巩固对课文内容的认知，并让他人更好地理解自己的观点和感受。

最终，通过这个环节，学生不仅能够检查自己对课文的学习情况，还能够培养自我展示的能力，提高对课文主题和情感的理解深度，使学习更加有趣且富有意义。

3. 升华情感，强化学生对自然的热爱

诵读展示的环节不仅是对学生学习成果的一次检验，更是一个升华情感、强化学生对自然的热爱的重要机会。学生通过在众人面前的朗读，不仅可以展示对课文的深刻理解，还能够加深对自然的热爱。

首先，学生在选择要展示的部分时，应注重挑选能够最好表达出赞叹自然之美和奇迹的语言。这可能涉及对描写手法、修辞手法的深入理解，学生需要有意识地选择那些最能够打动人心、表达自然之美的片段。

其次，通过学生的诵读，其他人能够亲身感受到课文中蕴含的美丽和奇妙。学生通过声音的抑扬顿挫、情感的投入，将对自然奇观的描写真实地呈现在众人面前。这种直观的感受能够引发学生对自然的情感共鸣，激发对大自然的深

切热爱之情。

这个环节不仅是对整个单元情感的升华，更是学生个体情感的释放和表达。通过这样的学习活动，学生对自然的热爱得以进一步强化，他们在课文中所体验到的美丽和奇妙能够在心灵深处扎根，这对于培养学生积极向上的生活态度和热爱自然的情感具有深远的影响。

二、整组练说策略

（一）创设情境，感悟内容

1. 整合口语交际训练与单元主题

将口语交际的学习有机地融入单元整合式教学，对于提高学生口语表达能力、理解课文主题有着显著的作用。围绕"父母之爱"为主题的课，例如，《地震中的父与子》《慈母情深》《"精彩极了"和"糟糕透了"》《学会看病》等课文，不仅有助于学生深刻理解父母之爱的多重表达，还能让学生在口语交际中更深入地感悟这一主题。

首先，通过课文的学习，学生在口语交际中能够更加灵活地运用所学的语文知识。课文中对于父母之爱的描写丰富多样，涵盖了感人至深的情感，学生在口语中可以巧妙地运用这些表达方式，使自己的语言更具表现力和感染力。

其次，口语交际的训练也可以成为对课文主题的深度延伸。通过结合生活实际，学生可以分享自己在父母之爱方面的体会，借助口头表达的方式，更直观地表现个人对这一主题的认识和感悟。这样的交流过程不仅拉近了学生之间的距离，也增强了学生对课文主题的深刻理解。

再次，口语交际还可以成为学生在学科知识应用方面的实践平台。通过口语表达，学生不仅能够巩固对课文内容的理解，还能够运用语文知识进行思考和分析。这种实际操作有助于提高学生的学科素养，使他们在语文学科中能够更全面地应用所学知识。

最后，在口语交际训练中，可以引导学生通过多种方式进行表达，如说一说、画一画、写一写等，培养学生多元化的表达能力。这样的训练过程更有利于学生思维和口语表达能力的全面发展。

综合而言，将口语交际与单元主题有机结合，不仅有助于提高学生的口语表达能力，还能够深化他们对课文主题的理解和感悟，更好地促进学生的全面发展。

2. 以情境创设引导学生情感体验

在教学中，情境创设是引导学生深刻体验父母之爱相关内容的重要环节。巧妙的情境创设能够激发学生的情感共鸣，使他们更好地理解和感受课文所描绘的深刻亲情。

首先，通过生动的故事情节，可以引导学生进入《地震中的父与子》的场景。例如，通过模拟地震的过程，让学生身临其境地感受父亲在危机到来时的坚定和执着，以及子女对父亲的依赖与感激。通过情境创设，学生更容易投入教学内容中，形成对亲情的深刻感悟。

其次，可以运用多媒体资源，如展示相关图片和视频，呈现地震中的真实场景。通过直观的视觉体验，学生能够更深刻地感受地震的紧急和危险，从而更加真切地理解文章中对于父子之间深厚感情的描写。这种情境创设不仅能激发学生的情感共鸣，还有助于提高他们的阅读理解能力。

在情境创设中，教师还可以采用情感引导的方式，通过提问、讨论等形式，引导学生表达对于父亲在地震中的表现的感受。例如，询问学生在面临困境时期望得到父亲的哪些支持和关怀。通过分享个人的故事或情感体验，激发学生对亲情的深刻思考。

以上情境创设的手段，能够使学生更加全身心地投入"父母之爱"这一主题中，深刻体验人物在特定场景中所展现的情感，从而更好地理解和内化课文内容。这种情感体验有助于培养学生的情感认知，提升对亲情主题的理解和语言表达水平。

3. 培养学生对父母之爱的敏感度

通过情境创设，旨在培养学生对父母之爱的敏感度，使他们能够更加敏锐地感知和理解亲情的深刻内涵。这一过程不仅为学生的口语交际提供了具体而丰富的话题，也为其在现实生活中更加仔细体会和感悟父母的关爱奠定了基础。

首先，通过巧妙的情境设置，可以创造出贴近学生生活的场景，引导他们在情感上更加贴近课文中所描述的父母之爱。例如，通过角色扮演或模拟家庭场景，让学生亲身经历一些父母关怀的瞬间，如父亲关切地询问学业情况、母亲准备丰盛的食物等。通过这样的情境创设，学生能够更加直观地感受亲情的真挚和温馨。

其次，利用文学作品、影视片段等多媒体资源，展示不同形式下的父母之爱。通过选取感人至深的情节，让学生观看和思考，引发他们对于亲情的深刻感悟。这样的多媒体呈现可以激发学生对亲情的思考，提升他们对文学作品中情感表达的敏感度。

在情境创设的同时，教师还可以设计一些富有情感共鸣的问题，引导学生展开自由而深入的交流。例如，询问学生是否有过类似的亲情经历，或者邀请他们分享一些亲情故事。通过互动，学生能够更加敏感地表达自己的情感，促进沟通。

（二）品读文本，体会情感

1. 重点抓住人物描写进行深入品读

在口语交际的训练中，深入品读文本是至关重要的一步。学生通过仔细阅读《地震中的父与子》《慈母情深》等课文，着重关注人物的外貌、语言、动作及心理描写，更全面、深入地体验父爱、母爱的深沉与宽广。

首先，通过对人物外貌的关注，学生可以逐步构建起对于课文中角色形象的具体印象。例如，在《地震中的父与子》中，通过对父亲坚毅的面庞、沧桑的手指的描写，学生能够感受到父爱的坚定和深沉。在《慈母情深》中，通过描写母亲和蔼的笑容、温柔的眼神，学生则能够领略到母爱的宽广和慈祥。

其次，关注人物语言的表达，有助学生更好地理解人物的情感和思想。通过分析课文中人物的对话和独白，学生可以深入挖掘人物的性格特点和情感变化。例如，在《慈母情深》中，母亲的一句温暖的叮嘱或劝解，都可以让学生感悟到母爱的深沉和细腻。

同时，动作描写是深入品读中不可忽视的一环。通过关注人物的动作，学生可以更直观地感受人物的情感表达和性格特征。在品读中，教师可以引导学生思考每一个细节描写背后所蕴含的含义，使之对人物形象有更为深入的认识。

最后，心理描写是品读中的重要部分之一，通过揭示人物内心的思考和感悟，学生可以更加深刻地理解人物的情感世界。在口语交际训练中，这些心理描写不仅可以用于学生的表达，还能够促使他们更加细致入微地理解人物的情感经历。

通过以上方式深入品读文本，不仅有助学生更全面地理解父爱、母爱的深沉与宽广，还为口语交际提供了更为具体和生动的素材，同时也丰富了他们对于人物形象及情感体验的感知和理解。

2. 从不同角度感悟父母之爱的多样性

在品读过程中，要引导学生从多个角度感悟父母之爱的多样性。通过深入思考《"精彩极了"和"糟糕透了"》和《学会看病》两篇课文，学生能够更好地理解父母之爱的无私。

首先，通过《"精彩极了"和"糟糕透了"》一文，学生可以从学业的角度感悟到父母之爱。这篇文章可能涉及学生在学校表现出色或者面临困难时父母的不同态度，通过仔细品读，学生能够体验到父母真挚深刻的呵护和关爱。

其次，《学会看病》一文呈现出父母关心孩子身体健康的场景，表达出他们对孩子健康的期望。通过深入挖掘，学生可以更好地理解到，父母之爱不仅体现在日常的悉心照料中，更表现在对子女身体状况的关切和照顾。

教师通过引导学生从这些不同的角度出发，可以拓展学生对父母之爱的理解，使其更全面地感悟关爱的丰富内涵，这有助学生更好地认知和珍视父母的爱，同时也培养了学生在品读文本时多角度思考的能力，提高了他们的文学鉴赏水平。

（三）联系实际，表达交流

1. 将情感体验与实际联系起来

在口语交际的训练中，将情感体验与实际生活联系起来是至关重要的一环。通过巧妙设计的问题，教师可以引导学生联系自己的实际情境，深入谈论父母对自己的关爱，从而将课堂中学到的父母之爱具体且生动地表达出来。

首先，教师可以通过询问学生平时和父母之间的互动，如"最近有什么让你感到特别幸福的时刻吗？"或"父母在生活中的哪些方面给了你特别的支持和关爱？"等问题，引导学生回忆和分享亲身经历。通过这样的方式，学生能够将学到的父母之爱的情感内容与自己的实际生活相对照，深刻感悟这份关爱的真实存在。

其次，教师可以设计一些情景模拟，让学生在课堂上通过角色扮演的方式表达出对父母之爱的情感体验。例如，通过模拟生日、考试等场景，让学生在角色中深入感受父母的关怀和支持。

通过将情感体验与实际联系起来，学生不仅可以更深刻地理解课文所传达的内涵，也能够将这些感悟融入自己的生活中，使口语表达更加真实、自然。这样的训练不仅有助于提升学生的口语表达能力，也培养了他们对父母之爱的感恩的心态。

2. 多种表达方式的灵活运用

为了培养学生更全面的表达能力，教师应鼓励学生灵活运用多种方式。通过设计口头表达、绘画、写作等形式的活动，学生能够在表达父母之爱时选择最适合自己的方式畅所欲言，达到真实、情感饱满的效果。

首先，通过口头表达，教师可以组织学生进行小组或全班分享，鼓励他们用口头语言生动地表达对父母之爱的理解和感悟。这种形式不仅培养了学生的口头表达能力，也促进了他们之间的交流与互动。

其次，绘画是另一种有效的表达方式。教师通过要求学生绘制与课文内容相关的图画，可以引导他们用图像化的形式展现对父母之爱的感受，锻炼学生的艺术表达能力。

再次，写作也是表达情感的重要手段。通过组织学生进行小组或个人写作，教师可以引导他们以文字形式详细叙述自己对父母之爱的认知和感受。写作活动有助于培养学生的文字表达能力，使他们能够更准确、深刻地表达内心所感。

通过多种表达方式的灵活运用，学生将有机会在不同的情境中展示对父母之爱的感悟，培养更加综合的表达能力。这样的多元化训练不仅增强了学生对单元主题的理解，也提升了他们在实际生活中表达情感的能力。

3. 充分培养学生的思维和口语表达能力

通过口语交际的训练，教师在培养学生对父母之爱的理解的同时，更注重发展其思维和口语表达能力。在分享和讨论的过程中，学生逐渐丰富了自己的内心世界，同时也深化了对父母之爱的认识。

在口语交际的训练中，首先要求学生进行思维的整合和升华。通过共享个人观点、经历和感悟，学生在交流中不仅要思考如何用语言准确表达，还需要将自己的理解融入话题中，培养从多角度思考问题的能力。

其次鼓励学生进行想象和创造性的表达。通过提出一些具体的情境或假设，引导学生展开更深层次的讨论，激发他们的想象力，使其在表达中展示更丰富、更具个性的观点。

此外，口语交际的过程也是培养学生口语表达能力的良好机会。通过参与对话、发表见解，学生不仅能逐渐克服语言障碍，还能提高语言组织和表达能力，更自如地运用各种词汇和句式。

三、课堂练笔策略

以往的教材一个单元安排一次作文训练，间隔时间较长，学生练笔次数少，且容易使阅读教学与作文教学相脱离。新教材在课后安排的小练笔，能弥补这一不足。同时，小练笔能让学生更好地体会文章精神并领会整个单元的思想主旨。其基本教学流程可概括为：整体感知，初读课文；精读课文，品味语言；单元整合，逐层升华；练笔悟文，体会主旨；熟读课文，加深情感。如人教版小学语文五年级下册第四组课文，围绕"感人的故事"组织的专题，让学生感受无论是在战争时期还是在和平年代，都有许多令我们感动的人，尽管他们中的有些人连姓名都不为人所知，但形象清晰地留在人们的记忆中。在学习过程中，在学生对这种情感不断加深的同时，可以通过课堂小练笔，让学生结合生活实际深入体验并表达这种感情，最后再回到课文，升华情感。具体可设计为：

（一）整体感知，初读课文

1. 突出整组文本的主题和情感体验

在课堂的开端，学生被引导着感知一组深具感人力量的文本，包括《再见了，亲人》《梦想的力量》等。这组课文以"感人的故事"为主题，通过对这几篇文章的深入学习，学生将沉浸于战争及和平时期发生的令人动容的故事之中。

这几篇课文涵盖了多个主题，包括别离与重逢、坚定的友情、无私的奉献，以及追逐梦想的艰难。通过这些故事，学生将深刻感受生命中的各种情感和困境，感悟人性的复杂和丰富。在这个过程中，战争与和平时期的背景交织在一起，呈现出生活在不同时代的人们的共同追求和奋斗。这样的主题设定使学生能够更全面地理解和感悟人类在不同境遇下所展现出的坚强、勇敢和温暖。

总体而言，这组文本不仅是简单的文字叙述，更是一次深刻的情感之旅。在阅读过程中，学生将被引导探究深层次的人性，感悟生命的意义。这样的文本设计不仅培养了学生的阅读理解能力，更在情感层面上激发了追求人性美好的共鸣，学生将在感人故事的世界里发现更多关于人性、关于生命的奇妙之处。

2. 唤起学生的情感体验

在课堂中，教师巧妙而精心地设计引导问题，旨在激发学生对课文的深刻情感体验。通过细致入微的提问，引导学生深入思考，在阅读过程中是否曾被某一段描写所触动，是否能够分享自己的内心感受。这种情感引导的目标不仅是让学生理解文字，更是让他们真切地融入文本的世界，建立起与课文内容深度相连的情感纽带。

通过询问学生是否曾被某一段描写所触动，教师创设了一个开放式的空间，鼓励学生表达自己的个人情感和体验。这样的提问方式使学生能够更自由地沉浸在文字中，思考和感受文本所传达的情感。不同的学生可能因为不同的经历而对同一段文字有不同的触动，这样的差异性体验不仅能让学生更加主动，也丰富了整个课堂的情感氛围。

这一阶段的设计巧妙地将学生引入课文的情感世界，激发他们对文字的情感共鸣。学生在分享自己感受的同时，也可以在与他人的交流中发现共通之处，建立起一条情感纽带。这样的教学方法不仅强调知识的传递，更注重在情感共鸣中培养学生对文学作品的独特理解和感悟。

通过这种深度引导，学生在阅读的过程中不再是被动的接受者，而是能够主动参与、思考、感受的个体。这种情感体验的培养不仅促进了学生对文学的深度理解，更在情感上激发了他们对文字的热爱。

（二）精读课文，品味语言

在课堂的赏析环节，教师精心引导学生聚焦于文本中的重点词句，旨在深入挖掘语言的表达方式，引发学生对文章主题和情感内核的深刻共鸣。通过赏析，学生将更为细致地理解文本，使阅读体验更为丰富和深刻。

这种赏析的方法不仅能够加深学生对文本的理解，更能在情感上与作者产生共鸣。学生在教师的引导下，不仅读到了文字背后的意义，更通过精心选择的语言形式，感受到作者想要传递的情感和情绪。这种共鸣使学生更加主动投入文本中，实现了情感与语言的深度交流。

通过这样的教学策略，学生在赏析课文时不再只是简单地理解文字表面，

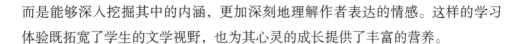

而是能够深入挖掘其中的内涵，更加深刻地理解作者表达的情感。这样的学习体验既拓宽了学生的文学视野，也为其心灵的成长提供了丰富的营养。

（三）单元整合，逐层升华

在课堂中，教师通过巧妙的引导，让学生在感悟单篇课文情感的基础上，通过单元整合，逐层升华对情感的理解。这一策略旨在让学生从一个课文中的情感体验，逐步延展至整个单元的主题，使情感体验在逐层深化的过程中得以升华。

例如，在学生深切感受完《再见了，亲人》中别离时的心情后，引导他们联系整个单元，将其他课文融入情感体验的构架中。通过比较和联系，学生可以发现不同课文中情感的共通之处。在这个过程中，学生的情感体验不再是单一的、零散的，而是逐渐形成了一个有机的整体，呈现出丰富而深刻的内涵。

逐层升华的教学策略不仅能够帮助学生更全面地理解和体验情感，也培养了他们对于整个单元主题的深刻认识。学生在这个过程中通过比较，发现情感的内在联系，不仅提高了对于文本的感知能力，也培养了对深层次人性的理解能力。

总的来说，通过单元整合、逐层升华的教学策略，学生在情感体验上得到了更为深刻和持久的滋养，这为他们的文学鉴赏和人文素养的提升奠定了坚实的基础。

（四）练笔悟文，体会主旨

1. 引导学生通过练笔释放情感

当学生情感到达高潮时，练笔是表达和释放情感的有效途径。教师可以设计练笔题目，引导学生将课文中的感情与个人经历相融合，以具有深度和个性的文字表达对人间真情的感悟。例如，可以提问学生在生活中是否经历过类似的真实场景，或者让他们想象自己置身于课文中的故事情境。通过这样的引导，学生能够更直观地感受人间真情的力量，同时通过文字表达将情感更好地传递给读者。

2. 多方面、多层次、多途径感受人间真情

在练笔的过程中，教师应鼓励学生多方面、多层次、多途径去感受人间真情。通过叙述、描写、抒情等不同方式，学生可以更全面地表达对故事的理解

和情感体验。例如，教师可以引导学生通过细节描写展现情感的深刻，通过抒情的语言表达内心的感受。同时，可以鼓励学生多角度思考人间真情，包括亲情、友情等，使练笔更具多元性和深度。

3. 细化小节，引导深入思考

（1）练笔释放情感

可以设计如下练笔内容：你是否在生活中经历过令人动容的场景？请结合个人经历，用文字描绘这个场景，并表达你的感悟。如果置身课文中的故事情境中，你会如何表达对人间真情的感受？

（2）多途径感受人间真情

鼓励学生通过不同方式感受人间真情。如叙述：以故事形式叙述一个感人的真情故事，突出故事中的细节。描写：选择一个感动的瞬间，通过细致的描写展现情感的深度。抒情：运用抒情的语言，表达对人间真情的内心感受。

通过这些练笔任务，学生将在实践中更深刻地理解和体验人间真情，同时提升写作能力和情感表达的能力。

（五）熟读课文，加深情感

在教学过程中，教师应引导学生深入熟读课文，对整个学习过程进行回顾。这个环节不仅有助于学生领悟人间真情，而且可使其对课文的理解和情感体验得以更为深刻的升华，成为心灵深处的一笔珍贵的财富。

通过熟读课文，学生有机会重新感受故事情节、揣摩人物内心、理解人间真情。教师可以提供一些问题，引导学生思考：在这个过程中，你是否发现一些之前可能忽略的细微之处？是否有新的感悟？帮助学生深入挖掘课文的内涵，使其对人间真情的理解更为深入。

熟读过程也是学生对情感体验的再次回顾和加深的时机。通过反复品味，学生能够更加深刻地体会课文中所包含的真情。例如，在《再见了，亲人》中，学生可以更加真切地感受到离别的辛酸；在《梦想的力量》中，学生可以更加深刻地理解主人公为梦想奋斗的坚持和执着。

此外，通过反复熟读，学生还能够更好地体验作者的语言艺术，感受文字背后蕴含的情感力量。学生将更敏感地捕捉作者所运用的修辞手法，进一步感知人间真情的表达形式和深层次内涵。这种深入熟读的过程不仅有助于学生对

课文的全面理解，更培养了他们对文学语言的敏感性和鉴赏力。

总体而言，通过深入熟读课文，学生能够在情感体验上得到升华，对人间真情的理解也将更为深刻和持久，这不仅有助于学生的情感成长，也为其文学素养的积淀提供了坚实的基础。

四、同类对比策略

（一）典型课例，体验写法

1. 深入理解说明性文章的重要性

在同类对比策略中，首先介绍典型的说明性文章，如在《鲸》《松鼠》《新型玻璃》《假如没有灰尘》这一组课文中，学生通过深度阅读，在生活中认识到说明性文章的广泛应用，涵盖植物、动物、自然现象等多个方面。

2. 整体感知，使学生对说明文有整体认识

通过整体感知，引导学生感悟说明性文章的特点，重点强调在解释、描述、说明事物时的语言风格和表达方式。这一阶段的目标是为后续的同组类比做好铺垫，使学生对说明性文章的写作特色有一个整体认识。

（二）同组类比，领悟异同

1. 对比不同文章的说明方法

在同组类比阶段，引导学生对比不同文章的说明方法，包括列数字、举例子、做比较、打比方等。通过对比，使学生领悟不同说明方法在不同文章中的运用，培养学生对于多样性表达方式的敏感性。

2. 重点突出语言风格的异同

除了说明方法，同组类比阶段还要重点突出语言风格的异同。通过深入研读，引导学生发现不同作者在说明同一主题时使用语言风格的独特之处，有助于学生理解语言表达的多样性。

（三）实践体会，学以致用

1. 迁移到口语交际

要将学到的知识迁移到实际应用中。教师可以引导学生在口语交际中抓住特点说，通过口头表达的方式灵活运用他们在说明性文章中学到的表达方法。

这一环节有助于巩固学生对知识的理解，并培养他们在实际交流中的表达能力。

2. 迁移到习作

在实践体会阶段，引导学生将学到的说明文的表达方法及时运用到习作中去。例如，鼓励学生写一篇以说明为主题的短文，展示他们对说明性文章写作特色的领悟和运用，巩固所学知识。

3. 鼓励表达个人喜好

在习作中，教师应特别鼓励学生抓住个人喜好，通过说明的方式将其生动地展示出来。这不仅有助于培养学生的创造性思维，还能够让他们在实际写作中找到更自信、更有自我风格的表达方式。

第二节　案例二：主题式大单元教学

随着课程改革的不断深化，单元主体教学模式已经被广泛应用于小学语文教学中。每一个单元的几篇课文或内容相关，或体裁相同，或主题一致，围绕着相同的训练目标，蕴含着相似的阅读方法和写作方法。在传统的小学语文教学中，教师在解读某一单元的教学内容和教学目标时，往往是一带而过，而单元主题教学要求教师在课程开始之前，根据每一个单元的主题，将本单元的课文内容进行统筹设计，对学生进行综合性的系统训练，提升学生语文学科的核心素养。

一、运用以点带面的教学方法

（一）深入研读与分析单元内容

1. 单元内容的研读与分析

首先，深入挖掘单元的训练重点。例如，人教版小学语文三年级下册中，在进行单元主题教学前，教师应深入研读每则寓言故事——《守株待兔》《陶罐和铁罐》《鹿角和鹿腿》《池子与河流》等。通过迅速而准确地抓住单元的训练重点，教师可以更好地理解每个故事中主人公的动作、神情及心理活动等关键元素。以《守株待兔》为例，教师要关注故事中主人公守株待兔的行为，以及这一行为所反映出的人物性格和寓言故事的寓意。

其次，通过对课文的全面分析，使学生能更好地理解每个故事所蕴含的道理。例如，在分析《陶罐和铁罐》时，教师要注重寓言故事中隐含的道德观念，如人性的优劣、不同个体之间的互补等。通过全面理解每个故事的内涵，教师可以更有效地引导学生进行深层次的阅读和思考，培养他们的道德情操和价值观。

再次，在深入挖掘单元的训练重点和全面理解每个故事后，教师需要提炼出每个故事的教学重点，并设计相应的教学策略。例如，在教学《鹿角和鹿腿》时，教师可以注重引导学生分析寓言故事中的主要角色，理解故事蕴含的道德观念。通过问题驱动的教学方式，教师可以激发学生的学习兴趣，促使他们更深入地思考和参与讨论。

最后，在教学单元主题时，教师需要将每个故事的教学内容整体串联，形成清晰的教学脉络。通过设计合理的教学顺序和衔接手段，教师可以帮助学生更好地理解单元整体的学科核心素养。例如，在引导学生回顾整个单元时，教师可以设置连贯性的问题，让学生将各个寓言故事进行比较，从而形成对整个单元的系统认知。

通过以上步骤，教师能够在单元主题教学中更好地引导学生深入理解每个故事的要点，培养他们独立思考和分析的能力，提高语文素养。这种深入研读与分析的教学方法有助于将教学重点准确传递给学生，使学生更好地掌握每个故事所蕴含的深层次道理。

2. 深化对故事道理的理解

首先，引导学生深入分析人物的动作、神情和心理活动。以《守株待兔》为例，教师可以提出问题，引导学生仔细揣摩主人公的言语、表情等，以及在故事情节中可能体现的内心变化。通过细致入微的分析，学生能够更全面地理解人物形象，为后续对人生道理的解读奠定基础。

其次，培养学生对文本深层次解读的能力。通过讨论具有针对性的问题，引导学生深入思考每个寓言故事背后的深层含义。例如，在教学《陶罐和铁罐》时，教师可以询问学生有关主人公行为的原因和不同个体之间的互补关系，引导他们通过文本揭示故事所蕴含的道德观念。这种深层次的解读能力对学生发展批判性思维和提高文学鉴赏能力至关重要。

再次，全面分析寓言故事所蕴含的人生道理。通过有针对性的教学活动，教师可以引导学生自主探讨每个故事蕴含的道理，激发他们的思考和讨论。这种交互式的教学方法能够增强学生的学习兴趣，使其更深入地理解故事所包含的深刻哲理。

最后，教师需要通过巩固性的教学活动，帮助学生形成对人生道理的系统认知。通过回顾每个寓言故事，进行整体梳理和对比分析，学生能够更好地掌握整个单元所蕴含的人生哲理。教师可以设计综合性的练习和讨论，让学生将不同寓言故事中的人生道理联系起来，形成完整而系统的认知框架。

通过以上步骤，教师能够在教学的初期就引导学生深入理解寓言故事，培养其深层次的解读能力，为学生后续更深入的学习和思考创造有利条件。这种教学方法有助于提高学生的文学素养和对人生哲理的理解水平，培养他们全面发展的语文能力。

（二）加强核心素养的综合训练

1. 针对核心素养进行综合训练

首先，教师应着重引导学生深入阅读寓言故事，全面分析其中的人物形象。通过仔细揣摩人物的动作、神情和心理活动，学生能够更加深刻地理解每个故事中的主要角色。例如，在教学《鹿角和鹿腿》时，教师可以引导学生注意鹿的姿态、眼神等细节，通过对这些细节的分析，学生能够更好地把握故事蕴含的人生哲理。

其次，教师应在课堂上开展多元化的教学活动，培养学生对文本深层次解读的能力。通过以问题驱动的教学方式，教师能够引导学生深入思考寓言故事中的内涵和人生哲理。例如，在教学《陶罐和铁罐》时，教师可以提出关于主人公之间互补关系的问题，激发学生思考故事所蕴含的道德观念。

再次，教师应注重培养学生的综合分析能力。通过综合性的教学活动，如小组讨论、角色扮演等，教师能够激发学生的合作精神，培养他们将个人理解与团队成果相结合的能力。例如，教师可以组织学生分组讨论每个寓言故事中的人生道理，并通过小组展示的方式，让学生分享彼此的理解和收获。

最后，教师应通过形成综合性认知来巩固学生对人生道理的理解。通过回顾每个寓言故事，进行整体梳理和对比分析，学生能够更好地掌握整个单元所蕴含的人生哲理。教师可以设计综合性的练习和讨论，让学生将不同寓言故事中的人生道理联系起来，形成完整而系统的认知框架。

2. 以问题驱动的教学方式

首先，以问题驱动的教学方式引发学生的学习思维。在以问题驱动的教学方式中，首要任务是设计激发学生思维的问题。教师可以通过提出开放性和引导性的问题，引发学生的兴趣和思考欲望。教师可以设计问题，如："你认为《守株待兔》中的兔子有哪些特点？""通过《陶罐和铁罐》你学到了哪些人生哲理？"引导学生深入阅读，理解故事背后的意义，激发对文本的深层次思考。

其次，引导学生深入思考寓言故事中的人物形象和情节。例如，教师可以提出："在《鹿角和鹿腿》中，鹿为何要交换角和腿？这背后有何深层寓意？"这样的问题有助于学生对故事情节和人物性格进行深刻剖析，培养他们对文本深层次理解的能力。

再次，通过问题激发学生独立思考和团队协作的能力。在课堂中，教师可以设计一系列问题，鼓励学生独立思考后再进行讨论，形成个人见解的同时培养团队合作精神。例如，教师可以提出问题："寓言故事中的教训是否可以在我们的生活中找到相应的例子？"通过小组合作，学生能够彼此启发，拓展对人生道理的理解。

最后，问题驱动的教学方式不仅能在学生自主学习方面发挥作用，还有助于知识的迁移。例如"这些寓言故事中的人生哲理是否可以应用到我们自己的生活中？"这样的问题，能够让学生将学到的知识迁移到实际生活中，加深对人生哲理的理解。

（三）以点带面的教学方法的启示

1. 引导学生回顾整个单元

在小学语文单元主题教学中，首要任务是引导学生回顾单元的重点内容。教师可以通过提问，激发学生对寓言故事的记忆，并帮助他们回顾每个故事所蕴含的人生道理。例如，可以问学生："在这个单元中，有哪些寓言故事让你印象深刻？它们讲述了什么故事？"

在引导学生回顾的过程中，教师应重点关注不同寓言故事的写作结构。通过提问，引导学生比较各个故事的写作手法，例如人物的设置、情节的发展等，使学生能够在思考中形成对不同寓言故事的整体认知。教师可以提问："这几个寓言故事有相似之处吗？在写作结构上有何不同？"问题的设置可以涵盖故事内涵、人物形象、文学手法等多个层面，引导学生在回顾的同时进行深层次的思考。例如："在这些寓言故事中，作者通过什么手法向读者传达人生智慧？你认为这些智慧是否在现实生活中有所应用？"

教师可以通过总结、归纳，引导学生将各个寓言故事的人生启示有机地连接起来，形成整体的认知框架，这有助学生在后续的学习中更好地理解和运用所学的知识。在总结阶段，教师可以鼓励学生分享自己对整个单元的理解和感悟，促进学生之间的交流和良好学习氛围的形成。

2. 帮助学生形成清晰的学习思路

在教学过程中，教师可以通过提出有针对性的问题，引导学生重新审视每个寓言故事，激发学生对这些故事的深入思考。例如，可以问学生："在这一单元中，哪个寓言故事给你留下了深刻的印象？你觉得这个故事蕴含了怎样的人生道理？"通过这样的问题，教师能够引导学生回顾并总结每个寓言故事的主题和寓意。

在引导学生形成清晰学习思路的过程中，教师应强调寓言故事的写作结构。通过询问与写作结构相关的问题，教师可以引导学生深入分析每个寓言故事的构建方式。例如，教师可以提问："你认为这个寓言故事是如何通过人物和情节表达作者的意图的？"

教师还可以通过从人生启示的角度出发，引导学生思考每个寓言故事所蕴含的深层次意义。通过提问，教师可以引导学生思考故事中的人物在面对困境时是如何成长和应对的，以及有何启示。例如，教师可以提问："在这个故事中，主人公通过怎样的经历学到了什么？你认为这对我们的生活有什么启示？"

教师应鼓励学生分享自己对整个单元的理解和感悟。通过组织讨论或小组分享，学生能够互相交流对寓言故事的理解，从而拓宽视野，进一步巩固掌握的知识。教师可以提出开放性问题，例如："在你看来，这些寓言故事有哪些共通之处？有何不同之处？"

通过以上方式，教师能够在引导学生形成清晰学习思路的同时，促使他们更深入地理解每个寓言故事的内涵。这种教学方法不仅有助于学生对语文教材的深层次理解，还能培养其分析问题和思考的能力，提高对语文知识的全面认知水平。

二、归纳单元内容

（一）梳理单元内容的重要性

1. 课文的共性与个性

首先，课文的共性表现在其整体结构和教学目标上。在人教版小学语文五年级上册第四单元中，每篇课文都围绕着一个共同的主题展开，如《落花生》《珍珠鸟》《钓鱼的启示》《通往广场的路不止一条》等，这些主题都与生活、情感等密切相关，都致力于通过文学作品的形式，引导学生对人生观、价值观等进行深刻的思考。此外，教学目标也是共性的一部分，都旨在培养学生的阅读理解能力、语言表达能力，以及对社会人文的感悟能力。

其次，尽管课文有共性，但在具体的内容呈现和表达方式上存在明显的个性。每篇课文都选择了独特的题材和切入点，通过不同的文学手法展示了作者独特的写作风格。例如，《珍珠鸟》通过描绘勇敢、善良的动物形象，引导学生感受正能量。同时，课文的语言运用、叙述结构、修辞手法等方面也各具特色，展现了作者在写作中的创新。

再次，课文的个性体现在其运用的写作手法上。如《钓鱼的启示》通过一个小故事引发读者对人生的思考。这种写作手法注重情节的安排和发展，通过具体的事例来阐释作者的观点，使教学内容更加生动有趣。而《通往广场的路不止一条》则通过对广场不同路径的描绘告诉学生，人生有多种可能性，要有多样的思维方式。这样的个性化写作手法不仅使课文更加富有创意，也能够激发学生对文学的兴趣和理解。

最后，在整体设计和教学应用上，课文的共性和个性也要在教学活动和学生评价中得以体现。教师可以根据课文的共性设计一系列的教学活动，提高学生对主题的理解和把握。同时，引导学生发现课文的个性，促使他们在阅读过程中更加关注作者的独特见解和表达方式。在评价学生的阅读和写作水平时，也可以通过分析学生对课文共性和个性的理解程度，为他们提供更加有针对性的指导和反馈。

2. 梳理单元内容的意义

首先，对单元内容进行梳理具有强化学生对教学目标的理解的作用。通过梳理，学生可以回顾整个单元所学的知识点，深刻领悟教学目标。这有助于培养学生对学科知识的整体把握和理解，使他们能够更清晰地认识语文的学科特点、学科目标，以及与其他学科的关联。教师可以通过梳理引导学生思考，让他们形成对语文学科的整体认知，而不仅是对某一篇课文或某一个具体知识点的记忆。

其次，梳理单元内容有助于学生深入理解单元主题的内涵。在语文教学中，每个单元都有一个主题，通过多篇课文的编排，呈现出多层次、多角度的内涵。通过梳理单元内容，学生能够更加清晰地把握主题的核心思想，理解主题在各篇课文中的不同表达方式，从而形成对主题的深刻认识。这有助于培养学生对文学作品主题的敏感性和洞察力，提升其对作者意图的把握能力。

再次，对单元内容进行梳理能够促使学生形成对课文之间关联性的认识。在一个单元中，每篇课文往往通过共同的主题或情感纽带相互联系，形成一个有机的整体。通过梳理，学生可以更好地发现各篇课文之间的内在联系，这种关联性的认识有助于学生形成知识之间的网络结构，提高他们对知识的系统性认知和整合能力。同时，这也为学生培养跨文本阅读的能力打下了基础，使他们能够更好地理解和分析不同文本之间的异同点。

最后，梳理单元内容有助学生形成对语文知识的自主学习和运用能力。通过对单元内容的梳理，学生能够逐步培养对语文知识的主动思考和整合能力。他们可以学会归纳总结、抽象概括、横向拓展等方法，形成学科知识的结构性认知。这样的自主学习能力不仅有助于学生更好地应对考试，更重要的是为他们将语文知识运用于实际生活奠定了基础。

3. 学生对内容的理解与记忆

在语文教学中，每个单元都有一个主题，围绕这一主题展开的多篇课文呈现出各自独特的表达方式和文学特色。首先，学生通过梳理单元内容能够深入理解课文之间的共性和个性。对于共性而言，学生能够把握整个单元的核心思想，理解主题在不同文本中的表现形式，形成对语文知识的整体认知；对于个性而言，学生可以通过对每篇课文的具体分析，深入了解作者的写作手法、情感表达等方面的特色，更加清晰地认识每篇课文的主题内涵和作者的独特观点。

其次，学生通过参考自己的笔记，能够更好地回顾和记忆单元内容。在语文学习过程中，学生通过听讲、阅读、课堂讨论等形式获取大量信息。将这些信息整理成笔记，不仅有助学生在学习过程中更有目的地获取知识，更为重要的是为回顾阶段提供了有力的学习工具。通过翻阅笔记，学生能够迅速回忆起课堂上学到的知识点及教师强调的重点，这有助于强化对内容的记忆，巩固所学知识。

再次，通过梳理单元内容，学生能够深刻理解每篇课文的写作手法、主题表达等方面。在语文学科中，对于课文的理解应不仅停留在表面的内容，更需要深入挖掘作者的用词选择、叙事结构、修辞手法等内容。学生可以逐篇分析，辨析作者在表达主题时的独特手法，体验不同的文学表达方式。这样的深层次理解不仅有助于培养学生对文学作品的感悟、对语言艺术的审美情感，也提升了他们的文学素养。

最后，通过梳理单元内容，学生形成了对语文知识的深刻认识。梳理过程不仅帮助学生厘清课文之间的联系，更促使他们将零散的知识点串联起来，形成系统的知识结构，这有助学生更好地理解语文的学科特点、学科目标，增强对学科整体的认知。同时，这样的认知也为学生后续的学科学习提供了坚实的基础，使他们更容易在阅读、写作等方面展现出高水平的能力。

（二）梳理技巧和方法的总结

1. 从写作手法出发的总结

首先，通过梳理单元内容，学生需要深入分析每篇课文所采用的独特写作手法。在人教版小学语文五年级上册第四单元中，以《落花生》为例，该课文采用了借物喻人的手法，通过描绘花生的生命历程，巧妙地引发学生对生命、人生的深刻思考。这种写作手法更容易使读者产生共鸣，深刻感受文学作品中的情感与哲理。

其次，《珍珠鸟》同样采用了事理结构法，为珍珠鸟赋予人性，以鸟类的善良与勇敢表达对美好品质的崇敬。这样的手法不仅丰富了课文表达的层次，也可使学生从不同角度认识人性。

再次，课文《钓鱼的启示》以及《通往广场的路不止一条》同样运用了事理结构法。通过故事情节的展开，作者融入启示性的寓意，使读者在欣赏文学作品的同时，汲取人生的智慧。《钓鱼的启示》以钓鱼为线索，深刻表达了在平凡生活中蕴含的哲理，引导读者对生活加以思索。而《通往广场的路不止一条》通过对多条路的描绘，寓意人生选择的多样性，引导读者对于人生道路的多元认知。

最后，通过总结单元内容中的写作手法，学生可以形成对语文作品的更深层次理解。这种深层次理解不仅包括对于文学作品背后意蕴的领悟，更涵盖了对作者写作技巧的欣赏。学生可以更好地理解作者的用词选择、结构编排、修辞手法等，提升对文学作品的审美能力。这不仅有助学生更好地理解课文，也为他们在写作时运用类似的手法提供了参考和启示。

2. 引导学生运用事例进行总结

首先，通过引导学生运用事例进行总结，可以深化对写作手法的理解。以《通往广场的路不止一条》为例，学生在梳理时可以选取文章中的具体情节和人物行为，通过这些生动的事例展示作者采用的事理结构法。例如，可以选择广场上的不同路口，分别描述主人公在选择不同道路时所经历的情节，以及带来的启示。通过具体的事例，学生可以更清晰地理解事理结构法是如何在文本中体现的，从而提高对这一写作手法的深层次理解。

其次，运用事例进行总结有助学生将抽象的写作手法转化为具体的实例，使学习更加贴近生活。通过挖掘文章中的生动细节，学生可以将写作手法与实际情境相联系，形成对文学作品更为直观的认识。在总结事理结构法时，学生可以描写主人公在广场上行走的过程，通过选择不同路口的生动描写，感受作者的用心之处。这样的总结有助于提高学生对写作手法的记忆和运用能力。

再次，通过引导学生运用事例进行总结，有助于培养学生对文学作品的批判性思维。学生可以选择具体的情节和对话，通过分析其中蕴含的意义，深刻理解作者的写作用意。例如，学生可以挖掘主人公在选择不同路口时所遇到的人物和事件，分析它们是如何贯穿整个故事情节，表达作者对人生选择的独特见解。这样的批判性思维有助于培养学生对文学作品的深层次理解和分析能力，提高对文本的洞察力。

最后，通过引导学生运用事例进行总结，提高学生的写作能力。学生在总结事例时，不仅需要理解作者的写作手法，还需要运用类似的手法进行创作。例如，学生可以将自己的生活经历作为素材，运用事理结构法进行文章创作，通过选择不同的情节，表达自己对人生选择的思考。这样的写作训练有助学生将所学的写作手法转化为实际的应用能力，提高思想的深度。

3. 结合课外阅读进行总结

首先，结合课外阅读进行总结是一种拓展学生知识领域的有效途径。通过选择与单元主题相关的课外阅读文章，教师可以引导学生深入拓展相关领域的知识。例如，如果主题是"通往广场的路不止一条"，就可以选择一篇有关人生选择和道路的课外阅读文章，进一步拓展学生对这一主题的认知。学生在阅读过程中不仅能够感受到不同作者的观点和表达方式，还能够拓展对相关主题的思考，提升综合阅读能力。

其次，结合课外阅读进行总结有助学生深化对写作结构和技巧的理解。通过对课外阅读文章的分析，学生可以发现不同作者在表达相似主题时所采用的写作结构和技巧的异同之处。例如，学生可以对比单元课文和课外阅读文章中的人物塑造、情节描写、语言运用等方面，总结不同作者的写作风格和特点。这样的对比分析有助学生形成对写作结构和技巧得更为全面的认知，提高对文学作品的敏感性和洞察力。

再次，结合课外阅读进行总结能够促使学生运用所学知识进行实际应用。在阅读课外文章的过程中，学生需要将在单元中学到的写作手法和技巧运用到对课外文章的分析中。例如，如果单元强调了事理结构法，学生可以尝试找出课外文章的结构，分析作者是如何通过情节展开和语意表达传递主题的。这样的实际应用有助于学生将理论知识与实际阅读相结合，提升分析和理解能力。

最后，结合课外阅读进行总结有助于培养学生的独立学习能力。在阅读课外文章时，学生需要进行自主分析和总结，从而培养对学科知识的主动思考和整合能力，为将来的学科学习打下坚实的基础。

（三）检验学生学习成果

1. 提出问题引导学生回顾

为了检验学生对单元内容的掌握情况，教师可以提出一系列问题，引导学生回顾所学知识。例如："《落花生》和《通往广场的路不止一条》两篇文章都采用了事理结构法，你能比较一下它们所表达的人生道理有何异同？""通过对本单元所学内容的梳理，你觉得自己在阅读和理解文章方面有了哪些进步？"通过这些问题的设计，教师可以了解学生是否真正理解了文章所要表达的主旨和观点。

2. 学生回答的检验

学生的回答不仅是对知识点的巩固，也是对学习方法和思维方式的一种检验。教师可以关注学生是否运用了正确的阅读和分析方法，是否能够厘清文章的脉络和逻辑。通过对学生回答的检验，教师可以有针对性地进行反馈，帮助学生更好地提高学科素养。

3. 引导学生参考笔记

教师还可以在问题设计中融入对学生笔记的引导，要求学生参考自己的笔记进行回答。这有助学生养成良好的学习习惯，提高自主学习的能力。同时，通过比对学生的回答与笔记，教师可以看出学生是否能够有效地运用课堂所学的知识。

三、扩展、延伸单元内容

（一）深入分析单元课文的写作技巧

1. 关键词提取与实例分析

在小学语文教材中，课文通过语言描写和神情描写，刻画所描写人物的内心世界，展现其情感和形象。对于此类课文，教师首先应提取关键词汇，如"语言神情""心理活动"，并通过实例分析每个关键点在课文中的体现。

2. 实例分析：描写语言和神情的表达方式

学生通过深入研读课文可以发现，作者通过生动的语言描绘所刻画人物的表情和心理变化，从而表达其内心。这样的分析有助于学生深刻理解语言和神情的表达方式，提升对课文整体的把握。

（二）延伸学习主题，引导学生进行创作

1. 延伸学习主题

为了深化学生对本单元主题的理解，教师可引导学生通过有益的延伸学习主题活动，将所学知识融入实际生活情境，以"亲情"为主题进行写作。通过这一延伸学习，学生不仅能够巩固对本单元内容的理解，还能够在实践中体验和表达对亲情的深刻思考。

"亲情"是一个贴近学生日常生活的主题，它涵盖了亲人之间的情感交流和关系维系。在进行写作时，学生可以结合亲身经历，通过叙述家庭故事、亲人

之间的感人瞬间，或者通过对亲情的独特理解，将所学知识应用在实际创作中。这种延伸学习不仅能够使学生在写作中感受到情感的真挚，也可促使他们深入思考家庭对个体成长的影响，使写作更加贴近生活，充满真情实感。

通过以"亲情"为主题进行写作，学生还能够进一步发展创作技能。在教学初期，教师可以指导学生通过描写语言、神情、心理活动等手法表达人物的情感和形象，而在延伸写作中，学生需要更加自主地运用这些技巧，使写作更具个性和深度。通过这样的创作实践，学生不仅能更好地掌握写作技巧，还能够培养创新思维和表达能力，提高语文素养。

以"亲情"为主题进行写作还有助于促进学生情感认知和情感表达能力的发展。通过回顾亲身经历，学生能够更深刻地理解家庭成员之间的深厚感情。在写作中，学生不仅能够通过文字表达对亲情的独特感悟，还能够通过细腻的描写传递出真挚的情感，培养自己的表达能力。这样的写作活动不仅使学生可以更好地理解亲情的价值，也为他们发展社交能力提供了有益的实践。

总的来说，通过以"亲情"为主题进行写作的延伸学习，不仅有助学生巩固本单元所学知识，还能够培养其创作技能、情感认知和表达能力。这样的学习方式贴近学生生活，激发了学生对语文学科的兴趣和热情，使他们在实际写作中更深入地理解和运用所学知识，为综合素养的提升奠定了坚实基础。

2. 创作指导

在引导学生进行创作时，教师的指导发挥着关键作用，为学生提供了有效的写作技巧和方法。首先，教师可指导学生通过描写语言和神情深刻表达亲情。通过细腻而生动的语言描写，学生可以将人物内心情感传递给读者，使亲情在作品中更为真实和触动人心。例如，教师可以鼓励学生关注人物的面部表情、动作等细节，通过这些描写展现亲情场景中的情感流露。这样的写作指导能够使学生更加有针对性地运用描写语言和神情的技巧，提升作品的感染力和艺术性。

其次，教师也可指导学生通过细腻的描写展现人物的内心感受。通过深入刻画人物内心的思想，学生可以使读者产生情感共鸣。例如，教师可以鼓励学生通过人物的内心或行动展现其情感变化，使读者更深刻地理解人物的真实感受。这样的指导有助于学生在创作中更好地把握人物的心理描写。

再次，教师在创作指导中还可以强调情节安排、结构组织等方面的技巧。

通过指导学生编织生动有趣的情节，巧妙组织文章结构，教师能够提升学生的整体创作水平。例如，通过引导学生合理设置故事发展的高潮部分，或者通过提醒学生注意文章开头和结尾的呼应，教师可以使学生更好地把握整体写作的节奏和情感变化。

最后，教师在创作指导中要注重激发学生的创新思维。通过提出开放性的问题，鼓励学生构思独特的情节，塑造不同的人物形象，培养学生的独立思考和创新能力。例如，教师可以引导学生思考不同的情感表达方式，或者让学生挑战以非传统的方式叙述事件，使他们的作品更具独创性。

3. 创作任务设计

为了深化学生对"亲情"主题的理解，教师设计了一项富有启发性的创作任务，核心是要求学生以"亲情"为主题创作一篇文章，旨在引导学生运用所学写作技巧，将课文中的知识点有机地融入实际写作中，提升他们的创作水平。在这个创作任务中，学生将面对一个丰富而感人的主题，他们需要通过运用语言、神情、内心感受等写作技巧，将亲情的温暖和深刻展现在文章中。

首先，学生可以选择具体的场景，通过生动的语言描绘家庭成员的相处瞬间，展现他们之间深沉的感情。例如，可以通过描述家庭聚餐时的欢笑声、亲人间的关怀举动，以及在困难时刻互相支持的场景，使作品更具感染力。

其次，学生在创作中需要注重人物内心的刻画。通过细腻描写主人公或者相关人物的内心感受，使读者能更深入地理解人物的情感变化。例如，可以通过对主人公在特殊时刻对家人的思念、对亲情的理解，以及在困境中展现出的坚强等方面进行描写，使文章更具深度，使读者产生情感共鸣。

再次，创作任务要求学生注重文章的结构和组织。学生需要巧妙安排文章的开头，引导读者进入故事情境；通过合理设置情节发展，使事件更加生动有趣；通过巧妙的结尾呼应，使整篇文章给读者留下深刻的印象。这样的结构设计有助于使作品更加完整、有层次感。

最后，教师在创作任务中还可以激发学生的创新思维，鼓励学生在创作中发挥想象力，尝试新颖独特的表达方式，使作品更具个性和创造性。例如，可以引导学生变换叙述视角、采用独特的修辞手法等。

（三）整合教学主题，提高学习效率

1. 教学主题整合

为了深化学生对每篇课文中知识点的理解和应用，教师在教学中采用了一种创新的方式，即改变传统的教学方式，将每个单元的教学主题进行整合。这一整合性的教学方法旨在帮助学生形成对整个单元内容的有机认知，提高他们的学习效率。

在传统教学中，每篇课文通常独立地被教授，学生难以将零散的知识点进行有机组织和综合运用。通过整合教学主题，教师将每篇课文联系起来，形成贯穿整个单元的教学主线。这样的整合性教学将知识点整体串联起来，有助学生更好地理解每篇课文的主旨和要点，避免孤立理解和记忆的情况，提高了学习的连贯性。

通过将每个单元的教学主题进行整合，学生可以更容易地将相似或相关的知识点进行对比和联系，形成更为全面的认知结构。例如，在一个单元中，如果主题涉及人物情感和家庭关系，学生可以通过整合这两个方面的知识点，更有针对性地进行创作和综合性运用。

学生在整合教学主题的过程中，需要思考和理解每篇课文之间的关联，从而形成对整个单元内容的综合认知。这样的思维活动能够提高学生的综合分析能力，使其能够更好地在学科学习和实际生活中灵活应用所学知识，培养出色的综合素养。

总体而言，通过改变传统的教学方式，将每个单元的教学主题进行整合，有助于学生更好地理解和应用每篇课文中的知识点。这种整合性的教学方法不仅提高了学生的学习效率，还培养了他们综合运用知识的能力，为其全面发展和未来学习奠定了坚实基础。

2. 整合性学习任务设计

为了促进学生对"亲情"主题的全面理解和综合运用，教师设计了一项整合性的学习任务。这一任务要求学生将"亲情"写作与课文中描写语言、神情的技巧相结合，形成一个完整的作品。

在这个学习任务中，首先，学生将对"亲情"主题进行深入思考，选择合适的情感表达和故事情节，构建紧扣主题的作品。他们需要通过生动而具体地运用描写语言、神情的技巧，描绘家庭成员之间的情感细节，使读者产生情感共鸣。例如，学生可以运用生动的形容词刻画人物面部表情、动作细节，使读者能够深刻地感受亲情场景中的温暖和真挚。

其次，学生需要巧妙整合描写语言、神情的技巧与"亲情"主题的表达。在整合的过程中，他们要注重情感和描写之间的协调，确保描写不仅能够表现细腻的亲情场景，同时能够与整体情感表达相互呼应。例如，在描写家庭欢聚的场景时，学生可以通过描绘笑容、眼神交流等方式，巧妙地结合亲情的主题，使描写更具深度和情感张力。

再次，整合性学习任务要求学生注意文章的整体结构和组织。他们需要合理安排情节发展，使故事情节紧密连贯，引人入胜。学生还可以通过巧妙设置开头和结尾，使整篇作品更具吸引力和感染力。

最后，这一整合性的学习任务有助于培养学生的创造性思维。学生在整合过程中，有机会发挥创造力，尝试新颖独特的表达方式，使作品更富有个性。例如，他们可以探索使用不同的修辞手法，或者通过变换叙述视角，呈现出更为引人入胜的故事情节，培养独立思考和创新的能力。

第三节　案例三：项目化大单元教学

针对目前作业目标的类型单一、内容碎片化等问题，案例通过项目化单元整组作业设计，从"精准定位，形成单元整组的系统作业""问题驱动，设计单篇作业核心目标""能力整合，'项目+'实现多维成果"三个方面入手，体现作业变革的核心，落实单元要素，提升学生综合素养。

一、项目化单元整组作业的意义

项目化学习是学生在一段时间内对本学科或跨学科有关的驱动型问题进行的深入持续的探索，是学生在调动所有能力创造性地解决新问题的过程中，形成对核心知识和学习历程的深刻理解，并能够在新情境中进行迁移的过程。基于项目化学习的单元整组作业设计是解决作业碎片化、机械化等问题的有效途径，有助于让作业发挥更大的作用。

（一）项目化单元整组作业的设计原则

1. 教材体系与学科融合

项目化单元整组作业的设计基于小学语文教材的体系，紧密结合学科特点。教师通过有机融合语文要素，将学科知识贯穿于项目主题，使学生能够在实际项目中培养语文素养。

2. 学生参与度和合作性

教师设计项目化作业时要考虑学生的实际情况，提高他们的学科参与度。强调合作性，让学生在团队中共同探讨、学习，培养学生团队协作与沟通的能力。

3. 驱动问题和情境设定

每个项目化单元整组作业都应以一个核心驱动问题为中心，紧密结合生活情境，引导学生主动思考，追求解决问题的实际效果。

（二）项目化单元整组作业的实施与效果

1. 实施步骤

项目化单元整组作业的实施步骤包括问题提出、情境设定、学科知识引导、实践探究、成果呈现等环节。在这个过程中，教师的引导和学生的参与都是至关重要的。

2. 效果评估

项目化单元整组作业的效果评估注重对学生知识、能力和情感方面的全面考察，教师通过观察学生在项目中的表现、听取他们的自我评价及项目成果的呈现，全面了解学生的学科水平和综合素养的提高情况。

3. 学术价值

项目化单元整组作业旨在打破传统作业的单一性，促使学生更深层次地理解学科知识，培养实际解决问题的能力。这种教学设计对于小学语文教育的创新有着重要的学术价值，可以促进知识的跨学科运用，培养学生的综合素养。

总之，教师通过项目化单元整组作业的设计与实施，不仅能够更好地解决作业碎片化、机械化的问题，还有助于激发学生学习的主动性、探究性和合作性。这种教学方式有助于学生在实际问题中更全面、更深入地理解语文知识，培养学生的跨学科思维和解决问题的实际能力。

二、基于项目化学习的单元整组作业设计

如何设计项目化的单元整组作业？这需要一个从整体到部分再到整体的过程。以人教版小学语文教材六年级下册第一单元"传统节日"为例，项目化的单元整组作业由任务开展，而项目化的任务由问题驱动。首先，教师从大单元整体入手，立足语文单元核心要素，融通跨学科综合能力，在单元目标指向、学习内容分析的基础上提炼核心问题——"面对消逝的民风民俗，我会用什么方式来推广？"其次，由整体到部分，把核心驱动问题放在单元整组的作业情境中，进行单篇的分任务练习设计。每个分任务勾连单篇课文内容，展开学习过程。最后，可以迁移到生活的问题——以"如何推广家乡的民风民俗"为统领，进行项目作业的设计，把单元学到的多种推广方式运用其中，呈现多样化的学习成果，落实语文单元素养。对此，需要聚焦如下几个设计步骤：

（一）精准定位，形成单元整组的系统作业

教材每个单元中的语文要素是一个单元的方向，它使每篇课文的学习有机关联。因此，教师需要设计一个围绕语文要素的单元作业体系，让学生的语文课后学习成为一个整体。

1.锁定要素，提炼项目任务

人教版小学语文教材六年级下册第一单元以"传统节日"为主题，旨在通过深入学习四篇课文，从不同角度展示中华传统文化的博大精深。四篇课文《北京的春节》《腊八粥》《古诗词三首》《藏戏》分别描绘了北京春节、腊八粥的童趣、传统寒食节与中秋节的习俗，以及多元的民族文化习俗。语文要素则着眼于使学生分清内容的主次，体会作者如何详写主要部分。

在这个背景下，本单元的习作任务是《家乡的风俗》。学生被要求记录一段家乡的风俗或参加过的风俗活动经历，以此来深入感受和体会传统文化在当今的传承。这个习作不仅是对民风民俗的了解，更是对优秀传统文化的传承和弘扬。

因此，教师将项目化学习的核心任务锁定为"我是非遗民风民俗的推广使者"。这一任务旨在引导学生从传统节日中挖掘非物质文化遗产元素，成为非物质文化的推广者。学生将通过深入了解家乡风俗来记录经历，通过习作的形式呈现对非物质文化遗产的理解和情感表达。这个任务将语文要素与传统文化传承有机融合，使学生在实际项目中深刻理解和运用所学语文知识。

学生通过项目化学习，不仅会对传统文化有更深刻的认识，还将成为传统文化的传承者和弘扬者，为非物质文化遗产的传播贡献一份力量。这个项目化学习任务旨在使学生在实际生活中感受和传承中华传统文化的独特魅力。

2. 单元整组，集成系统作业体系

本单元旨在实现两个核心目标：一是学生能够根据表达的需要，抓住重点，介绍一种风俗或参加一项民风民俗活动；二是激发学生对中华优秀传统文化的热爱之情，感受不同时代、不同地域、不同民族的文化特点。

为了达成这两个核心目标，教师将总目标分解并制定课文的课堂练习，在总目标之下形成整体的系统作业体系。这一体系避免了作业的重复和碎片化，使单元作业在整体上呈现出系统性和连贯性。

在具体操作上，每篇课文的学习目标都围绕总目标展开，强调了培养学生抓重点的能力和介绍文化特点的能力。这不仅有利于学生形成整体性的学科认知，还有助于将单元学习目标贯穿于每个小节的学习过程中。

这个整体性的系统作业体系不仅将单篇作业目标有机地附属于总目标之下，还使作业更具有共性和个性，更好地服务于总目标。通过这种设计，学生在单元学习中能够更系统地掌握语文要素，更深刻地理解单元文本特色，达到全面提升语文素养的效果。

（二）问题驱动，设计单篇作业核心目标

驱动性问题的设计是项目化学习的核心要素，它将核心知识用提问的方式表现出来，驱动学生主动思考。教师基于核心任务，依据目标，紧扣语文要素，进行单篇练习，创设合适的情境，设计驱动性问题，能够让学生主动探究。作业不仅需要"写"，同时，它也是一种体验，一种探究，一种学习活动。

1. 紧扣文本，设计驱动性问题

在项目化学习中，驱动性问题的设计至关重要，它能够引领学生更深入地理解文本，同时让教材成为学生能够灵活运用的学习素材。为了设计有力的驱动性问题，首先需要紧扣文本，深入挖掘文本的特点。

以《北京的春节》为例，这篇文章以其语言的朴素自然、京味儿十足而著称。文章内容安排有序、详略得当、结构紧凑，前后衔接自然、首尾呼应，同时插图也极具特色，生动展示了北京人民购置年货和元宵节的场景。

在这个基础上，教师巧妙设计了三个驱动性问题，引导学生深入思考和表达。

问题一：如何传承北京市的春节风俗，你打算留下哪些镜头？

问题二：你如何用最精彩的镜头吸引观众的眼球？

问题三：用留给你印象最深的一个镜头，说说你是怎样过春节的。

这三个问题旨在激发学生对北京市春节文化传承与发展的思考，引导他们从不同的角度出发，通过自己的观察和经历，灵活组织语言进行表达。通过解答这些问题，学生将深入阅读文本，调动经验，更好地理解和传达文本呈现的文化内涵。这种设计使学生在解决问题的过程中不仅加深了对文本的理解，还培养了独立思考和表达的能力。

2. 教学一体，融合有效练习

将课后练习与课堂教学有机融合是教学设计中的重要一环，这样的设计不仅能够减轻学生的课后负担，更能在课堂中形成"教、学、评"一体化的高效教学模式。基于上述驱动性问题，教师将课后练习融入课堂教学，进行了以下教学设计。

问题一：如何传承北京市的春节风俗，你打算留下哪些镜头？

教师在课堂中引导学生对这个问题进行梳理，强调突出特写镜头、聚焦画面的重要性。通过分析文本中的详细描述，如"家家赶""到处""男女老少都"等，学生能够深入理解春节风俗的多样性。在此基础上，鼓励学生分享最精彩的风俗习惯，促使他们在课堂中展开交流。

问题二：你如何用最精彩的镜头吸引观众的眼球？

以除夕为例，教师以文本中的"家家赶""到处""男女老少都"等细节描述为切入点，引导学生感受除夕的忙碌、喜庆。通过对这些词语的理解，进一步引导学生产生联想，表达和分享各自的观点，激发学生的创造性思维。

问题三：用留给你印象最深的一个镜头，说说你是怎样过春节的。

在这个问题中，教师借鉴文本中"除夕真热闹"的描写方式，引导学生抓住细节，以产生画面感的方式表达对春节的印象。通过这个活动，学生在课堂中能够充分分享自己的思考和感悟，促使彼此之间更深入的交流。

通过将课后练习融合到课堂教学中，教师巧妙地解决了"双减"背景下的作业问题，使课堂教学更为高效。这一体系设计不仅使学生在课堂上能更好地理解文本，同时也培养了他们的合作和探究的学习方式。

（三）能力整合，"项目+"实现多维成果

"项目+"的多维度实践是基于大单元教学的项目化核心问题而打造的作业体系，旨在使单元前后知识相互联系，在实践中促进学生多项能力的整合。

例如，教师根据人教版小学语文教材六年级下册第一单元的项目作业，布置了如下的拓展"项目+"作业：你想推广家乡的哪一种传统文化？重点推广哪个项目？你想用什么方式进行推荐？围绕教师提出的问题，学生自主设计了传统习俗推广的项目化作业单（表4-1）。

表4-1　"我的家乡"传统习俗项目化作业单

推广内容	推广形式	重点推广内容
家乡年	美文推送等	美食、祭祖等
铰子书	会演等	来源、作用等
吃在平湖	广告宣传等	制作、品尝等

在实际操作中，学生自主选择感兴趣的内容，在任务的驱动下，将单元课文学习的内容运用到实践中，并通过同伴合作进行探究。这样的"项目+"作业围绕核心问题层层推进，以点带面、以练促学，体现了项目化学习将学习素养转化为持续的学习实践的目的，也提升了学生合作沟通、主动探究的能力。

以推广家乡年习俗为例，学生自主设计了"我的家乡年"课后项目化作业单（表4-2）。这项作业紧扣本单元人文主题，在引导学生进一步了解家乡民风民俗的基础上，也深入落实了本单元的语文要素，实现了"项目+"的成果，体现了学生的综合能力。

表4-2　"我的家乡年"课后项目化作业单

内容	推荐项目	成果汇报
欢乐中国年	画一张你家的三代家谱，并给长辈拜年，说话要得体	明信片：思维导图，并配上文字等
传统中国年	过年的仪式莫过于祭祖，请用镜头或思维导图画出祭祖流程图，记录下你的新奇和疑惑	美篇：流程图和美文等

续表

内容	推荐项目	成果汇报
点亮中国年	做一盏可以点亮的花灯,出一条字谜,点亮新年	游园会:点亮悬挂花灯等
喜庆中国年	和大人一起除尘、整理房间、买年货等,和大人一起用春节特有的装饰品布置家	视频:解说和图片
美食中国年	试着和大人一起做一道有新年寓意的菜,或做一道传统点心	广告画:图文并茂

　　围绕单元主题进行整组的项目化作业设计,将碎片化的作业进行整体规划,使作业不再是课外"写"的作业,而是教学内容的一部分,是教学实施的一种形式,是教学有效巩固、高效引领的强劲支持,为减轻学生课业负担、培育学生核心素养提供了思路。这种"项目+"实践旨在培养学生的创新意识和实际运用知识的能力,使他们可以更好地适应未来社会的多样化需求。

第五章 大单元教学在小学语文课堂中的 应用效果

第一节 教学效果的定量与定性分析

一、效果评估指标

（一）学科知识掌握情况

1. 定量评估

在大单元结束后，定量评估成为客观反映学生学科知识掌握情况的关键步骤。这一评估方法通过设计具有代表性的考试或测验，全面覆盖大单元内的各个重要知识点，并以数字化的方式获取学生的得分情况。这种定量评估方法为教学效果提供了直观的反馈。

在进行定量评估时，可以采用多种形式的测验，如设计选择题、填空题、解答题等，确保不同类型的知识都能得到充分的考察。通过考试成绩的统计和分析，教师可以快速了解学生在大单元内的学科知识学习效果。这些直观数据为教师提供了有效参考，有助于调整后续的教学策略和方法。

定量评估的过程中，需要确保考试内容的代表性，即考试题目要充分涵盖大单元中的关键知识点，确保评估结果的准确性。同时，要注意设置合理的考试难度，使学生的水平能够得到准确的反映。通过这样的定量评估，教师能够迅速发现学生在哪些方面理解不足，进而有针对性地进行教学调整和个性化辅导，提升整体教学效果。

通过定量评估的方式，教师能够在大单元结束后全面、准确地了解学生对学科知识的掌握情况，为后续教学提供科学依据，确保学科内容的有效传授和学生学习效果的提升。

2. 定性评估

在进行大单元教学效果评估时，除了定量评估外，定性评估也是至关重要的一环。通过观察学生在课堂表现、项目实施的过程和小组合作与互动等多方面的表现，教师能够更深入地了解学生对知识点的理解程度、应用能力，以及是否形成了系统性的学科认知结构。

（1）课堂表现的观察

教师通过对学生在课堂上的表现进行观察，可以了解他们对于教学内容的接受程度和理解程度。例如，学生是否能够积极参与课堂讨论，是否能够提出深入的问题，以及是否能够将知识点与生活实际联系起来。这样的观察有助教师了解学生在课堂中的学习状态，及时调整教学策略，满足学生个性化的学习需求。

（2）项目实施的过程观察

项目化学习是大单元常采用的一种教学方式，学生通过项目的设计和实施，将课堂学到的知识应用到实际情境中。教师通过观察学生在项目实施过程中的动态表现，可以了解他们的团队协作能力、创造性思维及解决问题的能力。这种观察方式能够直观地展现学生在实际操作中的水平，为教师提供调整教学方向的重要线索。

（3）小组合作与互动的观察

学科学习不仅是个体能力的表现，更需要培养学生的合作能力。通过观察学生在小组中相互合作、信息共享和任务分工的情况，教师能够了解学生的团队合作能力和社交能力。这样的观察不仅有助于评估学生的团队协作水平，也可为教师在今后的合作项目中进行更有针对性的指导提供依据。

（4）学科素养的定性评估

学科素养是学生在学科学习中所培养的一系列综合能力，包括批判性思维、创造性思维、信息获取与处理能力等。通过观察学生在课堂、项目和小组合作中的表现，教师可以综合评估学生的学科素养水平。例如，学生是否能够运用学科知识解决实际问题，是否具备批判性思维的能力，以及是否能够在团队中发挥协同作用等。

（二）学科素养的培养情况

学科素养的培养在大单元教学中占据着重要的位置。教师通过观察学生在项目中的表现，可以全面了解学生学科素养的培养情况。

1. 批判性思维的展现

（1）评估观点的充实性

①问题提出的深度

学生在项目中提出问题的深度反映了其对学科知识的理解和把握程度。教师通过观察学生是否能够提出有深度、有挑战性的问题，从而评估其批判性思维在问题发现阶段的表现。

②观点的充实性

学生在项目中阐述观点时，观点的充实性直接关系到其批判性思维水平。充实的观点应该包括相关背景知识、合理的论证过程及对异议的考虑。教师通过对学生观点的深入观察，可以初步评估其批判性思维的质量。

（2）评估逻辑性

①论证过程的合理性

在项目中，学生不仅需要提出观点，还需要通过合理的论证过程支持自己的观点。教师通过观察学生是否能够清晰、有条理地进行论证，评估其逻辑性的表现。

②对异议的考虑

批判性思维包括对多角度观点的考虑。教师通过观察学生是否能够在项目中充分考虑可能产生的异议，是否能够通过论证展现对批判性思维的运用，来评估其逻辑性。

（3）问题解决方法的提出

①发现问题的能力

学生在项目中是否能够主动发现问题，包括对相关知识的理解不足之处、待解决的难题等。学生对问题的发现能力是批判性思维的一项重要体现。

②提出解决问题的方法

学生是否能在项目中提出解决问题的方法，展现了其对学科知识实际运用的能力。教师通过观察学生对问题解决方法的提出，可以评估其批判性思维的实际操作水平。

综上所述，教师通过对学生在项目中批判性思维的展现进行综合评估，可以深入了解学生思维的深度、逻辑性及解决问题的能力。在培养学生批判性思维的过程中，可以根据评估结果有针对性地进行指导，促进学生批判性思维水平的全面提升。

2. 创造性思维的发挥

（1）观察学生在解决问题时的表现

① 新颖观点的提出

教师观察学生在项目中是否能够提出新颖、独特的观点，表现出对问题的独立思考和创造性的见解。

② 对知识的灵活运用

教师观察学生是否能够在解决问题的过程中灵活运用所学知识，结合实际情境提出创新性的解决方法。

（2）敢于挑战传统观念

① 对问题的独立思考

学生是否具备对问题进行独立深入思考的能力，而不是简单地接受传统观念。教师观察学生在项目中是否敢于质疑、挑战问题的根本。

② 对传统观念的重新诠释

在项目中，学生是否能够对传统观念进行重新诠释，提出符合实际情境和时代背景的新观点。教师观察学生是否具备对传统观念进行创造性改造的能力。

（3）创造性表现的多样性

① 项目作品的独特性

通过学生在项目中的产出物，如论文、实践作品等，教师观察其是否具有独特性，是否能反映学生的创造性思维。

② 跨学科思维的展现

教师观察学生在解决问题时是否能够运用跨学科的思维，融合不同领域的知识，提出更为创新的解决方案。

综上所述，教师通过对学生在项目中创造性思维的多个方面进行观察和评估，可以全面了解学生在解决实际问题时的创造性表现。创造性思维的培养需要教师在项目设计和指导中注重激发学生的独立思考能力，鼓励他们挑战传统观念，促使他们形成独特的创新见解。

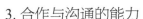

3. 合作与沟通的能力

（1）小组合作中的观察评估

①团队协作的效率

教师观察学生在小组合作中是否能够高效协同工作，完成项目任务，评估学生在团队协作中是否能够合理分工，推动项目进展。

②沟通表达的清晰度

学生在小组讨论中是否能够清晰表达自己的观点，有效沟通交流。教师观察学生是否能够认真倾听组员的意见，有条理地表达自己的看法。

（2）合作与竞争的平衡

①团队氛围的观察

教师观察小组合作的氛围是否融洽，学生之间是否存在积极的互助和支持，评估学生是否能够平衡竞争与合作的关系。

②问题解决的合作机制

学生在遇到问题时，是否能够通过合作找到解决方案，而不是陷入个体竞争。教师观察学生是否具备共同应对困难的团队合作精神。

4. 跨学科思维的呈现

（1）项目中的学科交叉能力

①问题定位与解决

教师观察学生在项目中是否能够准确定位问题，并通过结合不同学科的知识，提出全面的解决方案，检验学生对于问题的界定是否能够超越单一学科的范畴。

②知识整合与应用

教师观察学生是否能够将来自不同学科的知识进行整合，并应用到实际问题的解决中，评估学生在项目中是否展现了将多学科知识有机结合的能力。

（2）跨学科思维的深度与广度

①深度思考问题

教师观察学生在项目中对于问题的思考深度，是否能够深入挖掘不同学科的相关知识，并从中找到解决问题的切入点，评估其跨学科思维的深度。

②整合知识的广度

教师观察学生是否能够广泛涉猎各个学科，将多学科的知识点进行有机组合，评估其跨学科思维的广度。

（3）跨学科团队协作的实践

①学科协同的项目设计

教师观察整个项目的设计是否考虑了多学科的协同，项目任务是否需要学生从不同学科获取信息，评估项目设计是否有利于学生跨学科思维的培养。

②团队中的学科角色

在小组合作中，学生是否能够充分发挥各自的学科专长，形成学科角色互补的团队合作。教师观察学生在团队中的学科贡献，评估其在协同中的跨学科能力。

（4）项目成果的学科整合

教师观察最终项目成果是否能够充分体现学生在不同学科上的整合能力，是否展现了跨学科思维的深度与广度，评估学生是否能够通过项目呈现出全面的学科素养。

综上所述，教师通过对学生在项目中跨学科思维的深度、广度、实践和成果呈现等方面的观察与评估，能够全面把握其跨学科能力的培养情况。这有助于指导今后的教学实践，优化项目设计，更好地促进学科素养的跨学科发展。

（三）学科兴趣和学习动机

1. 定性评估

（1）学生参与项目的主动性观察

在大单元项目化学习中，学生参与项目的主动性是评估其学科兴趣和学习动机的关键指标之一。通过记录学生在项目选择、项目执行过程中的积极参与程度，教师可以初步了解学生对学科内容的兴趣程度。学生的主动性表现在学生是否自发提出问题、是否愿意深入探讨、是否能主动分享想法等方面。

（2）课堂讨论中的积极表现

通过观察学生在课堂讨论中的表现，包括是否积极提问、是否愿意分享自己的见解、是否能够与同学建立有效的对话等，教师能够深入了解学生对学科内容的学习动机。积极地参与课堂讨论通常反映了学生对学科的浓厚兴趣及对知识的主动追求。

（3）作业完成的主动性观察

通过观察学生完成作业的主动性，包括是否主动深入拓展相关内容、是否超越基本要求、是否展示了个性化的见解等，教师能够判断学生对学科的学习

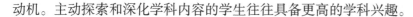

动机。主动探索和深化学科内容的学生往往具备更高的学科兴趣。

2. 学科导向的实践活动

（1）实地考察的引导

教师应引导学生参与学科导向的实地考察，例如参观相关机构、实地调研与项目主题相关的地点等。这样的实践活动有助学生将抽象的学科知识与实际情境相结合，激发其学科兴趣，提升其学习动机。

（2）采访专业人士的机会

教师应创造机会让学生与相关学科的专业人士进行交流和采访。这不仅可以帮助学生更深入地了解学科的实际应用，还能够激发学生对于学科的实践兴趣，提高其学习动机。

二、定量与定性分析结果

（一）学科知识掌握情况的定量分析

1. 考试成绩分析

（1）知识点得分详细分析

在大单元教学后的考试成绩分析中，首要任务是对每个学生在各个知识点上所获得的分数进行详细分析。这一过程能够深入了解学生对具体知识点的掌握情况，帮助教师更全面地提高教学效果。

通过分析知识点得分，教师能够确定学生对于不同主题、概念的理解深度。首先，关注高分知识点，了解学生对于核心概念的掌握情况。其次，针对低分知识点，分析学生在何处出现理解偏差，为个性化辅导提供有针对性的方案。这样的分析不仅有助于发现学生学科知识掌握的薄弱环节，还能提供个别辅导和补充教材的具体方向。

（2）总体考试成绩综合评估

在知识点得分分析的基础上，教师进行总体考试成绩的综合评估。通过总体得分，教师能够直观地了解学生在大单元教学中的整体掌握程度，有助于全面评估教学效果，为后续的教学决策提供科学依据。

通过对总体考试成绩的分析，教师可以识别出学科整体水平的亮点和不足之处。亮点是课程设计和教学方式得到有效应用的地方，不足之处则需要通过教学改进来提升。这种综合评估有助于教师更好地理解学生的学科知识掌握情况，为个性化教学和教学方案的优化提供指导。

（3）对薄弱知识点的教学强化策略

教师在详细了解学生各知识点得分的基础上，着重分析学生在考试中表现相对较弱的知识点。通过识别薄弱知识点，教师能够有针对性地设计教学强化策略，提供额外的教学资源和材料，帮助学生加强对这些知识点的理解和掌握。

教师通过设立专门的辅导计划，例如有针对性地进行小组讨论、个别辅导或提供额外的练习，有助于学生更深入地理解薄弱知识点。这种个性化的辅导方式不仅能够提高学生在这些知识点上的得分，同时也能够激发其学科学习的兴趣。

综合以上分析，得出对于整体教学效果的评价。通过总结知识点的优势和劣势，教师能够为下一阶段的教学改进提供科学的方向，可能包括调整教学方法、优化课程设计或者加强特定知识点的深度讲解等，不断提升学科教学的质量。这一系列的分析不仅有助教师更全面地了解学生的学科学习状况，同时也提供了有力的数据支持，使教学改进更具针对性和科学性。

2. 知识点比例设计

（1）考虑知识点的重要性

在知识点比例设计中，首要得考虑知识点的重要性。教师通过对整个大单元内容进行深入剖析，识别出在学科体系中具有关键地位的核心概念和主题。这些核心知识点对于学生理解整体学科结构、形成系统性学科认知至关重要。

通过对知识点的重要性进行科学评估，教师确定了不同知识点的比例。重要知识点被赋予更大的分值，以确保这些核心概念在总体得分中占有更为显著的比例。这样的设计保证了学生对于学科重要内容的掌握能够更全面、更深入。

（2）知识点之间的相互关联性

在知识点比例设计中，除了知识点的重要性，教师还考虑了知识点之间的相互关联性。在语文教学中，知识点往往并非孤立存在，而是构成了一个有机整体的学科体系。

通过考虑知识点之间的相互关联性，教师调整了比例关系，确保在计算总体得分时，能够更准确地反映学生对于整个学科体系的理解程度，有助于防止学生过于偏重某一方面知识而导致对整体学科认知的不公平。

（3）强调关键知识点的深度理解

在知识点比例设计中，教师特别强调了关键知识点的深度理解。对于那些被认定为学科核心、具有决定性意义的知识点，教师赋予了更高的比例，旨在鼓励学生在这些关键知识点上进行深度思考，形成系统性的学科认知结构。

通过强调对关键知识点的深度理解，教师期望学生能够超越表层理解，深入挖掘知识的内涵，形成扎实的学科体系。这样的设计有助于培养学生对于学科核心概念的深刻理解和灵活运用的能力。

综合以上考虑，教师设计了一个分布方案，能够更好地反映整体学科结构。通过这样的设计，教师确定各个知识点在总体得分中的比例，使学生的综合评价更具有科学性和准确性。最终的权重设计不仅注重了知识点的重要性，也关注了知识点之间的关联，更特别强调了关键知识点的深度理解。这种设计有助于提高评估的准确性，使学生在考试中的得分更为客观、公正，同时也为后续教学改进提供了有益参考，使教学更加有针对性。

3. 总体得分计算

（1）综合各知识点得分

总体得分的计算始于综合各个知识点的得分。通过对每个学生在考试中的具体得分进行相加，教师得到了学生在整个单元内的总分。这一过程旨在全面考查学生对各个知识点的掌握情况，从而形成一个初始的总体认知。

（2）按比例分配知识点

在得到各个知识点的总分后，教师对知识点按比例进行分配。这一步骤是为了更准确地反映学生在关键知识点上的表现，确保这些核心概念在总体得分中占有更大的比例。

（3）深度理解和关联性的综合评估

在计算总体得分的过程中，教师特别关注学生对于关键知识点的深度理解和知识点之间的关联性。因此在计算总体得分时，教师需要对学生在这些方面的表现进行深度评估，保证总体得分的准确性。

（4）得分反馈和教学改进

计算总体得分不仅是对学生学科水平的反馈，也为教师提供了宝贵的信息。通过学生的总体得分，教师可以清晰地了解并识别出学生在哪些方面相对薄弱，为后续的教学改进提供有针对性的建议。

通过以上的总体得分计算，教师实现了对学生学科水平的全面把握。这一定量的评估不仅为学生提供了学科反馈，激发了他们对学科学习的积极性，也为教师提供了有力的教学改进建议。总之，这样的定量分析结果，能客观准确地反映学生的整体表现。

（二）学科素养培养情况的定性分析

1. 观察项目作业

（1）观察问题提出的深度和广度

在观察学生项目作业时，教师首先关注学生在问题提出方面的表现，包括问题的深度和广度，即学生是否能够提出具有挑战性、引发思考的问题。通过问题的深度，教师能够了解学生对于学科知识的理解程度，而广度则反映了学生对于知识点的把握程度。

（2）观察解决方案的设计和实施过程

在项目作业的观察中，教师不仅要关注学生问题的提出，还要着重关注他们解决问题的过程。通过观察学生解决方案的设计和实施，教师能够评估其在实践中运用学科知识的能力。一方面包括学生是否能够有效地运用相关理论知识，另一方面也考察了学生的实际操作技能。

（3）观察独立思考和解决问题的能力

项目作业观察的关键点之一是学生是否具备独立思考和解决问题的能力。教师通过观察学生在项目中遇到问题时是否能够主动、独立寻找解决方案，判断学生的学科素养是否在实际问题解决中得到了培养。

（4）创新性和实践性的评估

在项目作业观察中，教师特别关注学生在解决问题的过程中是否表现出创新性和实践性。创新性体现在学生是否能够提出新颖的观点、独特的解决方案，而实践性则反映了学生将理论知识应用到实际情境中的能力。通过对创新性和实践性的评估，教师能够初步判断学生的学科素养培养情况。

总而言之，通过对项目作业的仔细观察，教师实现了对学科素养培养情况的全面评估。学生提出问题的深度和广度、解决方案的设计和实施过程、独立思考和解决问题的能力，以及创新性和实践性的表现，为教师提供了翔实的数据支持。这些观察结果不仅有助于教师了解学生在学科素养方面的优势和不足，

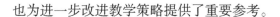

也为进一步改进教学策略提供了重要参考。

2. 课堂讨论表现

在观察学科素养培养的过程中，课堂讨论是一个关键环节。具体包括以下几方面：

（1）多角度思考和理性分析

在课堂讨论中，教师应关注学生是否能够从多个角度思考问题，能否进行理性分析。多角度思考能够体现学生对于问题的全面认知，而理性分析则直接反映了学生是否能够运用学科知识进行深入思考。

（2）深入思考和有效交流

在课堂讨论中，教师应重点关注学生是否能够深入思考并有效地进行交流。深入思考表现为学生是否能够就问题提出有深度的见解，而有效交流则体现在学生是否能够清晰地表达自己的观点并与他人进行良好的沟通。这方面的观察有助于教师了解学生对学科核心概念的理解程度。

（3）言辞和思路的观察

教师通过观察学生在讨论中的言辞表达是否清晰、思路是否有条理，判断学生是否能够将学科知识灵活应用到具体问题中，初步评估学科素养培养的质量。这为教师提供了改进教学策略的有力依据。

（4）改进教学策略的依据

通过对课堂讨论的观察，教师不仅了解了学生在学科素养方面的表现，还能够发现问题所在，为改进教学策略提供依据。课堂讨论的效果直接关系到学科素养的培养，因此，观察学生在讨论中的表现对于调整教学方法、提高学科素养培养效果至关重要。

总之，课堂讨论表现是学科素养培养的直观体现。通过观察学生在课堂讨论中的表现，教师能够全面了解学科素养培养的情况。这些观察结果不仅有助于发现问题，还为改进教学提供了具体而有针对性的建议，推动了学科素养的全面提升。

3. 学科实践参与

（1）学科实践活动的全面观察

学科素养培养的过程并非仅限于课堂和书本，更需要在实际的学科实践活

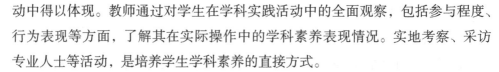

动中得以体现。教师通过对学生在学科实践活动中的全面观察，包括参与程度、行为表现等方面，了解其在实际操作中的学科素养表现情况。实地考察、采访专业人士等活动，是培养学生学科素养的直接方式。

（2）实际应用能力的评估

通过观察学生在学科实践活动中的表现，教师可以评估其在实际中应用学科知识的能力。学科素养培养是否能够在学生的实践行为中得以彰显，关键在于学生是否能够将所学知识灵活运用于解决实际问题。这方面的评估有助于教师了解学生的实际操作水平，为培养学科素养提供具体的观察点。

（3）改进活动设计的启示

观察学科实践活动的参与情况也为教师提供了改进活动设计的启示。通过发现学生在实际操作中可能遇到的困难和挑战，教师能够更有针对性地优化实践活动的设计，提高其培养学科素养的效果。这个观察结果不仅有助于学科素养的培养，也为教学方法的不断完善提供了实际的案例和依据。

（4）实践行为的彰显

通过观察学科实践活动，教师期望学科素养的培养不仅停留在理论水平，更能够在学生的实践行为中得以彰显。学科实践的参与不仅是一项任务，更是对所学知识实际应用的展现。因此，观察学科实践活动参与情况对于评估学科素养培养的有效性至关重要。

总之，学科实践与观察是学科素养培养评估的关键环节。通过全面观察学生在实际操作中的参与情况、实际应用能力的展现，以及对活动设计的改进启示等，教师能够深入了解学科素养培养的实际效果，更有针对性地调整教学策略，进一步提升学科素养培养的有效性。

（三）学科兴趣和学习动机的定性分析

1.观察课堂参与态度

首先，通过细致观察学生在课堂中的参与态度，教师可以看到他们对学科的兴趣。学生愿意主动提出问题、能够在课堂上展现出对学科内容的好奇心，都是具有学科兴趣的表现。学科兴趣的培养往往从学生对课堂内容的主动参与开始，因此观察这方面的表现对于评估学科兴趣至关重要。

其次，观察学生的参与态度还可以初步评估其学习动机。学生在课堂上展现出积极的学习态度，愿意参与讨论，都是具有学习动机的表现。学习动机是学生投入学科学习的内在动力，而这一动力往往可以通过学生在课堂中的表现得以体现。观察学生是否主动参与，是否表现出对知识的追求，有助教师初步了解其学习动机的强弱程度。

再次，学科兴趣和学习动机的定性分析需要考虑学科认同的体现。学生在课堂上展现出对学科的认同感，愿意深入了解相关知识，都是学科认同的具体表现。观察学生在学科内容上是否展现出浓厚的兴趣，是否表现出对学科的热爱，都为学科认同的评估提供了有力的线索。

最后，观察学生的参与态度不仅有助教师更深入地了解学生的学科兴趣和学习动机，也为个性化教学提供了依据。通过了解学生在课堂上的表现，教师可以更加精准地调整教学策略，满足学生个性化的学科需求，更好地激发学生的学科兴趣和学习动机。

总之，学科兴趣和学习动机是学科学习的内在推动力，通过观察学生在课堂中的行为，教师能够更全面地把握他们的学科学习体验，从而更有效地促进其学科素养的培养。

2. 项目积极性评估

首先，在项目积极性评估中，教师需要关注学生在项目中主动选择感兴趣的主题的程度。学生是否能够根据个人兴趣、经验和对学科的独特理解选择项目主题，直接反映了其学科兴趣的自主性。观察学生积极参与项目主题的选定过程，从而展现出对某一领域的热情，对于评估学科兴趣的深度提供了有力的信息。

其次，观察学生在项目的各个环节是否能够热情参与，是评估其对学科是否有兴趣和学习动机多少的重要方面。学生是否愿意投入时间和精力，表现出对于解决实际问题的热切渴望，都是评估学科兴趣和学习动机的关键指标。学生是否能够在项目中展现出对知识的主动追求，是否能够持续关注和投入，都是衡量其学科学习动机的线索。

再次，通过观察学生在项目中的积极性，教师可以更深入地了解其对于实际应用学科知识的深度认知。学生能够将理论知识灵活地运用到实际问题中，展现出对于学科的热爱，直接影响着对学科的深度认识。通过深入了解学生在项目中的表现，教师可以识别出学科知识对于学生个人实际应用的价值，更好地激发其对学科的深度兴趣。

最后，通过项目积极性的评估，教师可以得到关于学生学科兴趣和学习动机的详细信息，为改进教学设计和项目设置提供重要依据。通过深入了解学生在项目中的表现，教师可以调整课程设置，更好地满足学生的学科需求，从而提高其对学科的兴趣和学习动机。这种深度定性评估有助于教师更加精准地把握学生的学科体验，为个性化教学提供有益的指导。

总之，项目积极性评估是深入了解学生学科兴趣和学习动机的有效途径，通过观察学生在项目中的主动性和热情程度，教师能够更全面地了解其对学科的认同感和投入程度。这种深度评估不仅有助于提高教学质量，也为学科素养的培养提供了有益的启示。

第二节　教学效果的对比实验研究

一、与传统教学的对比研究

（一）课堂教学方法对比

1.课堂教学方法对比分析

（1）传统教学方式

在传统教学中，教学过程主要由教师主导，以讲解和示范为主要手段。学生在这个过程中扮演被动接受者的角色，缺乏对知识的主动探究和参与感；互动较少，学生在课堂上往往只是接收信息，没有太多机会表达自己的看法。

（2）对比实验中的新教学方式

对比实验中往往采用更多具有互动性和合作性的教学方式。这种新的教学方式通过小组讨论、项目化学习等方式，使学生更积极地参与到教学过程中。这种教学方式注重激发学生的主动性和独立思考能力，使其在学习的过程中能够更主动地提出问题，并与同学进行深度互动。

（3）传统教学方式与新教学方式对比分析

新教学方式在提高学生参与度和互动性方面表现出色。通过小组合作，学生能够更好地分享思考成果，解决问题，促使思维碰撞，培养出更强的独立思考和解决问题的能力。相较于传统教学方式，新教学方式更符合现代教育理念，有助于学生全面素质的提升。

2. 效果对比分析

（1）学科知识的掌握情况

新教学方式促使学生更积极地参与，加深了对学科知识的理解。学生在小组讨论和项目化学习中能够更深入地思考问题，与同学互相交流，使学科知识更具广度和深度。

（2）学科素养的培养情况

新教学方式注重培养学生的独立思考和合作能力，有助于学科素养的全面提升。学生在项目中能够更好地应用学科知识，展现出更高水平的学科素养。

（3）学科兴趣和学习动机

新教学方式通过创设更具启发性的学习氛围，提高了学生的学科兴趣和学习动机。学生在小组讨论和项目化学习中能够感受到学科知识的实际应用，激发对学科的学习热情。

（4）合作与沟通的能力

新教学方式培养了学生更好的合作与沟通的能力。在小组讨论和项目化学习中，学生学会了更有效地与同学合作，分享观点，解决问题，提高了团队协作能力。

（5）跨学科思维的培养

新教学方式更注重跨学科思维的培养。通过融合项目中不同学科的知识，学生能够更好地进行跨学科思考。这对于培养学生应对复杂问题的综合能力有积极意义。

（二）教材设计对比

1. 传统教学中的教材设计

（1）知识点的传递与记忆

在传统教学中，教材设计主要侧重知识点的传递和记忆，以教师为中心，强调学生对书本知识的死记硬背。教材内容通常以较为枯燥、缺乏情境化的方式呈现，学生对知识的掌握更偏向表面性的理解，难以将知识应用到实际生活中。

（2）缺乏实际应用场景

传统教学中的教材设计往往没有涉及实际应用场景，更多地以抽象概念为主，学生难以理解这些概念在实际问题中的具体运用。这种设计方式可能导致学生对学科的学习兴趣降低，缺乏对知识的实际需求。

2. 对比实验中的新教材设计

（1）注重情境化和趣味化

在对比实验中，教材设计更注重情境化和趣味化。通过引入生动有趣的故事情节、实际案例等，教材呈现出更加贴近学生实际生活和兴趣领域的内容。这种设计方式旨在通过情境化的呈现方式激发学生的学习兴趣，使他们更主动地投入学科学习中。

（2）提高知识的实用性

新教材设计强调实际应用，使学生更容易理解抽象的概念。通过具体的案例和情境的设计，学生能够更好地将所学知识与实际问题相联系，提高了知识的实用性。这种设计方式有助于培养学生实际解决问题的能力。

3. 效果对比分析

（1）激发学生学习兴趣

新教材设计在激发学生学习兴趣方面取得了显著成效。教师通过引入生动有趣的元素，使学科内容更具吸引力，提高了学生对学科的好奇心和主动学习的积极性。

（2）加强知识的实用性

新教材设计使学生更容易将学到的知识与实际生活联系起来，加强了知识的实用性。通过具体案例的学习，学生更容易理解和应用所学的知识，培养了实际解决问题的能力。

（3）提升学科素养

相较于传统教学中的死记硬背，新教材设计使学生更深层次地理解知识，提升了学科素养。通过更具体的案例和情境化的设计，学生更容易理解抽象的概念，增强了对知识的深刻理解。

未来的教育研究可以进一步深入挖掘不同教材设计方式对学生学科素养的影响，为构建更富有创新性和实用性的教材提供理论和实践支持。

（三）评价方式对比

1.传统教学中的评价方式

（1）以考试为主

在传统教学中，评价方式主要以考试为主，着重检测学生对知识点的记忆和理解。这种方式的局限在过于强调学生的死记硬背，难以全面了解学生的实际能力和素养水平。学生在应对考试时往往注重对书本知识的临时性记忆，而缺乏对知识的深层次理解和实际应用。

（2）单一评价很难全面反映学生能力

传统评价主要依赖于考试，学生的学科素养表现单一，缺乏对学生多方面能力和素养的全面了解。学生可能在实际问题解决、创新思维和团队协作等方面具备潜在能力，但由于受传统评价方式的限制，这些优势难以得到充分展现。

2.对比实验中的新评价方式

（1）多元化评价方式

对比实验中采用了多元化的评价方式，包括项目作业、小组展示等。这种方式旨在更全面地考查学生的综合素养，注重学生在实际操作中运用所学知识的能力。通过这些方式，学生有机会展现实际动手能力、创新思维及团队协作精神。

（2）强调实际操作能力

新的评价方式强调学生在实际情境中应用知识的能力，更贴近实际工作和生活场景。项目作业使学生能够运用所学知识解决实际问题，小组展示则促进了学生的沟通能力和团队协作技能的培养。

3.效果对比分析

（1）学生更贴近实际情境展示素养

新的评价方式使学生更贴近实际情境，更能展示其全面的学科素养。通过项目作业，学生不仅掌握了理论知识，还能运用这些知识解决实际问题，表现出了实际操作能力。小组展示则可以体现出学生团队协作和沟通表达等综合素养。

（2）提高学生实际运用知识的能力

多元化的评价方式有助于挖掘学生的潜在能力，培养他们的实际操作、创新思维和团队协作等方面的能力。学生通过参与不同形式的评价活动，更有机会发展和展示多方面的技能和素养，在学科学习中全面成长。

（3）符合现代教育理念

新评价方式强调培养学生的实际操作能力和团队协作能力，更符合现代教育理念，使他们在未来的职业和生活中更具竞争力。这种方式的实施有望引领教育评价体系向更为全面、综合的方向发展。

二、实验结果比较

（一）学科知识的掌握情况

1. 学生的不同表现

（1）传统教学组学生的表现

在传统教学组，学生在学科知识的掌握上呈现出较为传统的模式。他们在考试中表现出对知识点的记忆较好，但在实际应用中的能力相对薄弱。

（2）新教学组学生的优势

相较之下，新教学组的学生通过项目化学习更能够全面掌握学科知识。他们在项目中能够更好地理解和应用所学知识。

（3）实验结果比较

综合对比实验结果，新教学方法在学科知识掌握方面取得了显著的优势。学生通过项目化学习，更能够将学科知识运用到实际情境中，培养了更全面的学科素养。这种实际应用中的创造性思维和独立解决问题的能力为学生未来的学习和工作奠定了坚实的基础。

2. 创造性应用与实际情境

（1）传统教学组学生的局限性

在传统教学中，学生对学科知识的应用主要停留在书本知识的记忆和理解层面，缺乏创造性的应用。

（2）新教学组学生的优势

新教学组采用项目化学习的方式，强调在实际情境中对学科知识的创造性应用。学生通过项目的设计和实施，需要提出新颖的解决方案，培养了创新思维和解决实际问题的能力。

（3）实验结果比较

通过对比实验结果，新教学组学生在学科知识的创造性应用上取得了明显的优势。项目化学习激发了学生的创新潜能，使其能够更灵活地运用所学知识解决实际问题。这种创造性的学科应用有助学生更好地适应未来复杂多变的社会。

（二）学科素养的培养情况

1. 批判性思维与创造性思维

在学科素养的培养中，对比实验组学生展现出更为显著的批判性思维和创造性思维。通过参与项目化学习，他们得以更全面、深入地分析问题，并提出富有创新性的解决方案。相对于传统教学组，对比实验组的学生更具备独立思考和解决问题的能力。

对比实验组学生在批判性思维方面表现出色。他们能够对学科知识进行深入挖掘，对信息进行辨析，并能够从多个角度审视问题。这种思维方式使他们在学科学习中能够更有针对性地探究问题的本质。

对比实验组的学生在创造性思维方面展现出鲜明的特点。通过参与项目，他们学会了面对问题时灵活运用学科知识，提出独具创意的解决方案。这种创造性思维不仅表现在课堂作业中，更在项目设计和实施中得到充分的展现。

2. 对学科深层次理解

（1）传统教学组学生的学科理解局限

在传统教学中，学生的学科理解主要是知识点的传递和记忆，缺乏实际应用的机会，他们对学科核心概念的理解较为肤浅。学科素养培养往往过多地强调对基础知识的掌握，而非对学科本质的深刻领悟。

（2）新教学组学生的深层次理解

新教学组通过项目化学习，使学生在实际操作中能深度理解学科核心概念。在项目的设计和实施过程中，学生需要将抽象的概念应用于具体情境，这种实践性的学习方式促进了学生对学科的深层次理解，使他们能够更好地运用学科知识解决实际问题。

对比实验结果显示，新教学组学生在对学科的深层次理解上表现出更高的水平。项目化学习不仅培养了学生对知识点的实际应用能力，更促进了其对学科核心概念的深入理解。这种深入理解有助于学生形成更加牢固的学科基础，为其未来在学科领域的进一步发展提供了先决条件。

（三）学科兴趣和学习动机

1. 学科兴趣与项目参与

采用新教学方法的学生在学科兴趣和学习动机上表现出更积极的特点。项目的实践性学习使学生更主动参与，这种主动性不仅体现在课堂讨论和项目选择上，更体现在他们对学科知识的主动追求和深入研究上。

新教学组学生在项目参与方面表现出更强的主动性。他们愿意选择感兴趣的主题，并在项目的各个环节中积极参与。这种主动性的项目参与使学生能够深度融入学科学习，更好地培养学科兴趣和学习动机。

通过对比实验可以看出，新教学方法对于学生学科兴趣的培养具有显著的效果。学生通过项目化学习，并不是被动地接受知识，而是在实际操作中感受学科的魅力，激发对学科的持久兴趣。这种积极的学科兴趣是学生长期投入学科学习的重要动力。

2. 长时间学科学习的持久性

（1）传统教学组的学习疲劳感

传统教学组的学生在长时间的学科学习中容易产生疲劳感，这可能与传统教学方法较为枯燥的课堂形式、缺乏实际操作和项目参与有关。学生在单一的学习方式下难以保持持久的学科学习兴趣，进而影响学习动机和效果。

（2）项目实践性学习的持久兴趣

新教学组的学生通过项目的实践性学习更能够保持对学科的持久兴趣。实际操作的参与使学生在学科学习中能够获得更多的愉悦感和成就感，进而维持对学科的学习动机。这种持久的兴趣为学生在学科领域的长期投入打下了坚实的基础。

（3）学科学习动机的提升

对比实验结果显示，新教学组的学生在学科学习动机的持久性上表现出更为积极的趋势。项目实践型学习方式使学生在学科学习中能够获得更多的实际经验，这种方式更符合学生的学习需求，有助于提升其学习动机。

综上所述，新教学组的学生在学科兴趣和学习动机方面表现出更积极、更

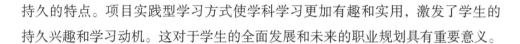

持久的特点。项目实践型学习方式使学科学习更加有趣和实用，激发了学生的持久兴趣和学习动机。这对于学生的全面发展和未来的职业规划具有重要意义。

（四）合作与沟通的能力

1. 合作与沟通的优势

（1）合作与沟通能力的提升

在小组合作方面，新教学组学生展现出更好的合作与沟通能力。项目合作的实践性学习使学生在团队中能够更好地协作，有效地进行沟通，克服了传统教学组学生相对较弱的合作能力。这种团队协作的优势有助于学生更好地适应未来的学科学习和工作环境。

（2）项目合作的实际性应用

通过项目合作，新教学组学生在实际应用学科知识的过程中培养了合作与沟通的能力。在解决实际问题的过程中，学生需要共同思考、讨论，并合作完成项目任务。这种实际能力的培养使学生不仅是学科知识的传递者，更是学科应用的实践者，能更好地为学生未来的学习和工作奠定基础。

（3）项目合作的团队建设

小组合作不仅是单纯的合作与沟通，更是团队建设的过程。新教学组学生通过项目合作建立了更紧密的团队关系，相互之间的信任和协作能力得到了增强。这有助于学生更好地融入团队，提高整体协作能力，为未来的团队合作打下良好的基础。

2. 实际能力的培养

（1）实际操作中的能力培养

通过小组合作和项目实践，新教学组学生在实际应用学科知识的过程中培养了实际操作的能力。相较于传统教学组学生单一的知识传递方式，新教学组更注重学科知识的实际应用，学生能够更好地掌握实际操作的技能，更好地适应未来的职业需求。

（2）团队协作与解决问题的能力

小组合作使学生在团队中能够充分发挥各个成员的优势，共同解决项目中的问题。这种解决实际问题的能力培养有助学生更好地应对未来工作和学习中的挑战，具备更强的实际操作能力。

（3）对未来学习和工作的适应性

小组合作培养了学生在实际环境中的团队协作和解决问题的能力，使其能更好地适应未来学习和工作的需求。这种能力的培养为学生提供了更多的发展机会，使他们更具竞争力。

对比实验结果显示，新教学组学生在小组合作和实际能力的培养方面表现出更为突出的优势。这为学生的综合素养提升提供了重要保障，也为学生未来的学习和职业发展奠定了坚实的基础。

（五）跨学科思维的发展

1. 项目中的学科融合

（1）跨学科思维的培养

在跨学科思维的培养上，新教学组学生在项目中表现出更高水平，他们能够更好地将各个学科领域的知识进行整合，培养跨学科思维的能力。相对传统教学组的学生，新教学组的学生更具备在不同学科之间进行有机整合的能力。

（2）复杂挑战中的应对能力

跨学科思维的培养使学生更擅长应对未来的复杂挑战。由于能够将不同学科的知识整合运用，新教学组学生具有更强的适应性和应变能力，这将使他们在未来不断发展和变革的社会中更具有竞争力。

2. 知识整合的实际应用

（1）项目学习的知识整合

新教学组学生通过项目的学习，更能够将各个学科领域的知识整合应用于实际情境。这种能力使学生能够在实际操作中更好地理解和应用学科知识，培养更高层次的综合素养。

（2）综合素养的提升

项目学习的知识整合和跨学科思维的培养有助于提升学生的综合素养。学生不再仅是对单一学科的了解，更能够将各个学科领域的知识相互联系，形成更为完整的知识体系，为未来的学科深造和职业发展提供更强的综合素养。

通过对比实验结果的分析，项目中的学科融合和知识整合的实际应用使新教学组学生在跨学科思维和综合素养方面取得了更为显著的进步。这为他们未来的学科学习和职业发展奠定了更加坚实的基础。

第三节 教学效果的影响因素分析

一、影响教学效果的因素

（一）教学内容设计

1. 教材的选择与设计

（1）贴近学生实际生活

教材的选择应当贴近学生的实际生活，使学生能够从教材中找到与自己生活经验相关的内容。这样的设计有助于激发学生的学习兴趣，使其更容易理解和接受新知识。例如，引入与学生日常生活相关的案例，使抽象的知识变得具体而有趣。

（2）引发学生兴趣

教材设计应具有启发性，能够引发学生的兴趣。教师通过采用生动有趣的故事情节、图表、实例等形式，使教材更具吸引力。这样的设计有助于提高学生的学习主动性，培养他们积极的学科态度。

（3）知识结构合理

教材中的知识结构应当合理有序，符合学科知识体系的逻辑发展。知识要由浅入深，由易到难，有助学生建立扎实的学科基础。同时，教材应当注重知识之间的关联性，帮助学生形成更完整的学科认知框架。

2. 任务设计的合理性

（1）挑战性任务的设置

教学任务应当具有一定的挑战性，使学生在完成任务的过程中能够不断突破自己的认知和能力。挑战性任务有助于激发学生的学科兴趣，培养他们解决问题的能力。例如，设计一些需要深度思考和创造性解决方案的任务。

（2）启发性任务的引入

任务设计应当具有启发性，引导学生主动思考和探索。教师通过提出开放性问题、组织小组讨论或展示等方式，激发学生的思维深度，培养其独立思考的能力。

（3）符合认知发展规律

任务设计应当考虑学生的认知发展规律，避免设置过于复杂或超出学生认知水平的任务。合理的任务难度有助学生保持学习动力，防止其因任务过难而产生挫败感。教师可以根据学生的年龄、认知水平和兴趣爱好，设计差异化的任务，满足不同学生的学习需求。

综上所述，教师通过精心选择与设计教材及科学设置任务，其教学内容设计更有利于学生的学习，继而提高教学效果。

（二）教学方法与手段

1.多元化的教学方法

（1）讲授法

传统的讲授法是语文教学中常见的方法之一。通过教师的讲授，学生可以迅速获取基础知识。需要注意的是，过度的讲授容易导致学生被动接受，缺乏积极性。

（2）讨论与互动

引入讨论与互动的教学方法，可以激发学生的思维，培养其独立思考和表达的能力。小组讨论、学生提问等方式有助于打破教师与学生之间的单向传递，创造更具参与感的学习氛围。

（3）游戏化教学

游戏化教学通过游戏元素的引入，能够增加学习的趣味性。例如，语文知识竞赛、语文游戏等形式可以激发学生学习的主动性，使学习过程更加轻松、愉快。

（4）小组活动与合作学习

通过小组活动与合作学习，学生能够在团队中分享想法、合作解决问题。这种互助合作的方式培养了学生的团队协作精神。

2.技术手段的运用

（1）多媒体课件

多媒体课件可以通过图像、音频、视频等多种形式呈现语文知识，使抽象的概念更加生动、直观。通过图文并茂的展示，学生更容易理解和记忆知识点。

（2）在线资源与数字化教学

教师利用在线资源和数字化教学平台，可以为学生提供更加丰富的学习材

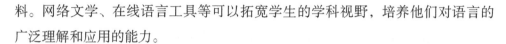

料。网络文学、在线语言工具等可以拓宽学生的学科视野，培养他们对语言的广泛理解和应用的能力。

（3）电子白板与电子教学

电子白板的运用可以实现师生互动与学生互动。通过电子教学，教师可以更灵活地调整教学内容，根据学生的反馈及时调整教学策略，提高教学效果。

（4）在线评价与反馈系统

通过在线评价与反馈系统，教师可以更及时地了解学生的学习情况，提供个性化的指导和帮助。这有助学生在学科学习中不断优化自己的表现。

综上所述，教师采用多元化的教学方法和技术手段，结合语文学科的特点，有助于提高学生的学科参与度、学科兴趣，并促使他们更深入地理解和应用语文知识。

（三）教学环境与氛围

1. 良好的教学环境

（1）教室布置与氛围营造

教室的布置直接关系到学生的学习体验。整洁、明亮的教室环境可以激发学生的学科兴趣，使其更加愿意参与到课堂活动中。同时，合理的教室布局也有助于促进学生之间的互动与合作。

（2）教学设备的完备

现代的教学设备，如投影仪、电子白板等，能够提供更直观、生动的教学内容。这些设备的运用有助于创造多样化的教学方式，使学生更加积极地投入课堂学习中。

（3）温馨的学习氛围

温馨的学习氛围是指教师和学生之间互相尊重、关系融洽的环境。教师的关心和支持可以激发学生的学习热情，使学生更愿意积极参与课堂讨论和活动。

2. 互动与反馈机制

（1）师生互动

建立良好的师生互动关系是提高教学效果的重要手段。教师可以通过与学生的积极互动，了解学生的学科兴趣和学习需求，从而有针对性地调整教学内容和方法，提高学生的学科参与度。

（2）学生之间互动

学生之间的互动与合作也是促进学科学习的重要因素。教师可以通过设计小组活动、项目合作等形式，让学生在合作中相互学习、共同成长，培养他们的团队协作精神。

（3）及时反馈机制

及时的反馈对学生的学习至关重要。教师可以通过定期测验、作业评价、课堂互动等方式，向学生提供详细的学科反馈。这有助学生及时纠正错误、巩固知识，提高学科水平。

综上所述，良好的教学环境和积极的互动与反馈机制相辅相成，它们共同促进了学生的学科兴趣、学科参与度和学科水平的提升。

二、各因素对教学效果的作用程度

（一）对教学内容设计的作用程度

1. 教材的选择与设计

（1）选择生动有趣的教材

教材是否生动有趣是影响教学效果的重要因素。通过选择具有趣味性的教材，可以引起学生的兴趣，提高他们的学科参与度。例如，可以选择融入生活案例、趣味故事等元素的教材，使学科知识更贴近学生的实际生活。

（2）贴近学生实际生活的内容设计

教材设计应当贴近学生的实际生活，使学生能够更好地理解和接受所学知识。教师在选择教材时，应考虑学生的年龄特点、兴趣爱好，将知识内容与学生的日常经验相结合，提高学科的实用性和吸引力。

（3）知识结构的合理性

教材中知识结构的合理性对学科学习的深度和广度至关重要。教师通过科学的知识结构设计，可以帮助学生更好地理解知识的内在关系，形成系统性的学科认知体系，提高整体学科水平。

2. 任务设计的合理性

（1）挑战性任务的设置

任务的挑战性直接关系到学生对学科的认知深度。教师适当设置具有挑战性的任务，可以激发学生的求知欲望，促使他们更深层次地思考问题，提高学

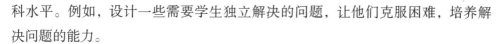

科水平。例如，设计一些需要学生独立解决的问题，让他们克服困难，培养解决问题的能力。

（2）启发性任务的引入

任务设计应注重启发性，通过巧妙的问题设置和案例引导，引发学生对学科的兴趣。启发性任务能够激发学生的创造性思维，使其在学科学习中更具有主动性。

（3）符合认知发展规律

任务设计应当符合学生的认知发展规律，逐步引导学生建构知识体系。根据学生的年龄、认知水平等方面的特点，设计合适的任务，使学科内容更容易被学生接受和理解。

综上所述，教材的选择与设计及任务设计的合理性是影响教学效果的重要因素，它们共同作用于学生的学科学习过程，影响学生的学科兴趣、学科水平和学科参与度。

（二）对教学方法与手段的作用程度

1. 多元化的教学方法

（1）满足不同学习需求

多元化的教学方法有助于满足学生的不同学习需求。教师通过结合讲授、讨论、游戏、小组活动等多种方法，可以更好地照顾学生不同学科的学习方式和学科认知水平，提高整体的教学效果。

（2）提高课堂的趣味性和参与度

采用多元化的教学方法可以增加课堂的趣味性和参与度，使学科知识更生动有趣。例如，教师可以通过引入实例讲解、角色扮演等趣味性的方式，让学生在参与中更好地理解和吸收知识，提高学科学习的积极性和参与度。

（3）合理搭配，确保教学效果最大化

尽管多元化的教学方法有利于满足学生的多样性需求，但在教学过程中需要注意合理搭配不同方法。教师要根据学科特点、教学目标和学生群体的特征，选择合适的教学方法，确保教学效果的最大化。

2. 技术手段的运用

（1）提高趣味性和生动性

技术手段的运用，如多媒体课件、在线资源等，可以提高教学的趣味性和生动性。教师通过图文并茂的展示和实例演示，使学科知识更具体形象，有助学生更好地理解和记忆。

（2）注意平衡，防止过度依赖

尽管技术手段的运用有助于提升教学效果，但过度依赖技术也可能导致学生对传统教学手段的依赖性降低。因此，教师在运用技术手段时，需要注意保持平衡，确保技术手段与传统教学手段相互补充，以达到更全面的教学效果。

（3）根据情况有选择地应用

教学中的技术手段应当根据具体情况有选择地应用。教师应考虑到学科的特点、学生的年龄特征和教学目标，有选择地运用技术手段，以更好地服务于学科教学的整体目标。

综上所述，多元化的教学方法和技术手段的运用在提高学科教学效果方面发挥着积极的作用。教师通过灵活搭配不同方法和适度运用技术手段，可以更好地满足学生的学习需求，提高其学科学习的趣味性和参与度。

（三）对教学环境与氛围的作用程度

1. 良好教学环境的作用

（1）提高学生的学习积极性

良好的教学环境能够提高学生的学习积极性。整洁、宽敞、明亮的教室，合理布置的桌椅有助营造学习的愉悦感，激发学生对学科学习的主动性。这种环境营造对学科教学效果起到了积极的支持作用。

（2）营造轻松的学习氛围

良好的教学环境有助营造轻松的学习氛围。学生在愉悦、轻松的环境中更容易集中注意力，更愿意积极参与到学科学习中。因此，教学环境的创设在一定程度上影响了学科学习氛围的形成。

（3）间接影响，非直接主导教学效果

值得注意的是，良好的环境是教学的支撑条件，它对教学效果的影响程度相对较为间接。教学效果更直接地受到教学内容的设计和教学方法的运用等因素的影响，因此在提高教学效果时，需要综合考虑教学环境与其他要素的互动作用。

2. 互动与反馈机制

（1）及时的反馈

建立良好的互动与反馈机制对提高教学效果至关重要。及时的反馈能够让学生对自己的学习状态有清晰的认识，使他们更好地调整学习策略。例如，教师对学生作业的及时批阅和反馈，有助学生纠正错误，加深对知识的理解。

（2）增进师生沟通

良好的互动机制能够增进师生之间的沟通。教师通过提问、讨论等方式，促使学生更主动地参与到教学过程中，师生之间形成良好的互动关系。这有助于激发学生对学科学习的兴趣，提高学科学习的效果。

（3）促进学生学习的积极性

互动与反馈机制能够促使学生更加积极地投入学科学习中。学生在互动中不仅能够获得及时的指导，还能够感受到学科学习的价值，从而更有动力地参与到学科学习中去。

总之，在教学效果提升的过程中，互动与反馈机制是直接影响学科学习效果的因素。教师通过建立有效的机制，可使学科教学更加有针对性和高效。

第六章　大单元教学在小学语文课堂中的实施策略

第一节　制定小学语文大单元教学目标

一、制定小学语文大单元教学目标的全局性与重点性

（一）全局性目标的设定

在小学语文大单元教学中，全局性目标的设定确保了学生在整个学习过程中可以全面提升语文核心素养。全局性目标需要覆盖语言的建构与运用、思维的发展与提升、审美的鉴赏与创造、文化的理解与传承四个方面，以确保学科整体性的发展。

1. 语言的建构与运用

在本单元的语文教学中，全局性目标旨在通过深入学习语文内容，使学生能够在语言建构与运用方面取得全面的进步，从而更准确、生动地表达个人的思想和情感。具体而言，重点在提高学生的词汇量，以及培养他们合理运用语法结构的能力，致力于使学生的语言表达更为准确、丰富。

首先，通过本单元的教学，学生将得到有计划的词汇训练，拓展他们的词汇量。这涉及教师在教学中设计精心的词汇练习，包括但不限于课堂互动、课外作业等形式。这些活动将注重引导学生掌握与本单元主题相关的关键词汇，通过词汇的深入学习，培养学生在日常表达中更为丰富和准确的语言能力。

其次，语法结构的应用是全局性目标中的另一要点。在语文学科中，语法结构是语言表达的基础，因此培养学生合理运用语法的能力至关重要。通过教学中对语法知识的系统性讲解和实际应用，学生将逐渐形成正确运用语法结构

的语感。这不仅包括基本的语法规则，还包括在实际语境中的合理运用，即学生在表达时既符合语法规范，又能够生动、自然。

在课堂设计中，可以通过互动讨论、小组合作等形式，引导学生运用所学的词汇和语法结构进行交流和表达。这样的设计有助学生更主动地参与语言实践，培养灵活运用语言的能力。此外，作为一种实际的语言应用，写作活动也是达成全局性目标的有效途径。通过写作，学生能够在实践中巩固所学知识，提高语言表达的熟练度。

2. 思维的发展与提升

在本单元的语文教学中，全局性目标着眼于引导学生达成积极的思维发展与提升，特别注重培养批判性思维，使学生在学习中具备更深和更广的思考能力。具体表现在通过课堂讨论、问题解答等活动，激发学生主动思考的能动性，培养独立思考和分析问题的能力。

首先，课堂讨论作为一种广泛运用的教学活动，可以有效地引导学生思考。通过设计富有启发性的问题，可以激发学生对文本内容、社会现象等方面的深入思考。在讨论过程中，鼓励学生提出自己的见解，并通过互动交流促使他们形成辩证、独立的思考方式。这样的课堂设计有助于引导学生在学习中积极运用批判性思维，逐渐培养对问题的深度分析和全面思考的能力。

其次，问题解答活动有助于锻炼学生解决问题的能力。教师通过提出具体问题，要求学生通过分析、归纳、推理等方式进行解答，引导他们主动思考问题的解决方案。这种活动旨在培养学生对知识的主动探究和理解能力，使其在学习过程中逐渐形成独立思考的习惯。问题解答活动的巧妙设计能够引导学生深入思考，提升其分析与解决问题的能力。

在课堂中，可以通过设计开放性问题、案例分析等方式，鼓励学生运用批判性思维解决问题。同时，教师的引导和点拨也是关键，及时的反馈和指导，可以帮助学生逐渐提升思维的深度和广度。通过这样的活动，学生在学习中将逐渐具备批判性思维的能力，为更高层次的学科学习奠定基础。

3. 审美的鉴赏与创造

在本单元的语文教学中，全局性目标着眼于提高学生的文学素养，旨在培养他们欣赏文学作品的能力，并通过创作表达自己的思想和情感。具体表现在教师通过文本分析、文学作品鉴赏和创作活动，有针对性地培养学生的审美情趣和文学创作能力。

首先，通过文本分析的活动，学生将深入了解文学作品背后的语言运用和艺术手法。教师可以选取具有代表性的文学作品，引导学生进行深入剖析，分析作者运用的修辞手法，使学生在学习中逐渐形成对文学语言的敏感性。通过这样的活动，学生能够更好地理解和欣赏文学作品，提升审美水平。

其次，文学作品鉴赏活动将帮助学生培养对不同文体、不同风格的文学作品进行准确评价的能力。通过学习文学作品的阅读技巧和鉴赏方法，学生将逐渐形成自己的审美标准和品位，对文学作品有更深刻的理解。教师在鉴赏活动中的引导，可以激发学生对文学作品的浓厚兴趣，使其在审美过程中愈发主动和深入。

最后，通过创作活动，学生可以将自己的思想和情感表达出来。教师可以设计各种体裁的文学作品，如小说、诗歌、散文等，鼓励学生通过文字将内心的感悟、体验表达出来。这种创作活动不仅有助于培养学生的文学创作能力，更能够激发其对语言表达的热情，促进其审美情感的升华。

4.文化的理解与传承

在本单元的语文教学中，全局性目标着眼于培养学生对语文的理解，旨在使其能够理解和传承中华传统文化。具体表现在教师在教学过程中融入相关的历史文化知识，引导学生理解语文的深层次内涵，从而增强文化自信心。

首先，通过融入历史和文化知识，学生能够更深入地理解语文作品所承载的文化内涵。教师可以选择与文学作品相关的历史事件、文化背景进行介绍和讲解，使学生了解作品产生的时代背景和文学传统。这样的教学设计有助于拓宽学生的视野，使其在学习语文的过程中获得更为丰富的历史文化知识。

其次，通过对文学作品的阅读和分析，可以引导学生深入思考作品所体现的中华传统文化的精神内涵。通过对经典作品的深度解读，学生将更好地理解其中蕴含的价值观念、道德规范等文化元素，提升对传统文化的认同感。这种文学作品的深度阅读有助学生形成对传统文化的深刻理解，为其后续学习提供有力支持。

最后，教学中注重培养学生的文化自信心。通过让学生了解中华传统文化的伟大之处，引导学生对祖国的文化产生认同感和自豪感。这样的培养不仅有助于学生更好地理解和传承中华传统文化，还能够在心理层面激发学生对语文学科的浓厚兴趣，形成积极向上的学习态度。

（二）重点性目标的设定

教师在全局性目标的基础上，明确本次教学的重点，并将其细化为能够具体体现在教学活动中的学科目标，确保学生在特定方面取得明显的进步。

1. 深入文本学习与文学创作

在本单元的语文教学中，教师明确了一个重点性目标：通过深入学习某一篇课文，使学生理解其中的文学手法，并通过创作活动提升他们的文学表达能力。这个目标的核心在于通过深度学习一个文本，让学生在文学鉴赏和创作中得到更为系统和深刻的提升。

首先，教师将聚焦选定的课文，重点讲解其中的修辞手法和写作技巧。通过对文本的逐句解读，学生能够更清晰地认识作者在表达思想和情感时所采用的各种技巧，包括但不限于修辞手法如比喻、拟人、排比等，以及作者在篇章结构、语言运用等方面的写作技巧。通过这样的讲解，学生将逐渐形成对文学作品深层次结构的理解，从而更好地把握文学作品的艺术之美。

其次，教师将引导学生进行创作活动。创作是语文学科中非常重要的环节，通过构思和表达，学生能够更深刻地理解和吸收所学的文学知识。在创作活动中，教师应注重培养学生的文学创造力，引导他们在运用修辞手法、构建篇章结构等方面进行有针对性的实践。通过教师的引导和点评，学生将逐渐提升文学表达能力，更好地展示自己对语言的运用。

这一重点性目标的设计旨在使学生在深度学习文本的过程中，既能够理解其中的文学奥妙，又能够通过自主创作实践，将所学知识内化为自己的语言表达能力。通过这样的学习设计，期待学生在语文学科中不仅是知识的获取者，更是语言的表达者和创造者。

2. 引导学生思考，培养批判性思维

在本单元的语文教学中，教师明确了另一个重点性目标：在课堂中注重提问与引导，培养学生的批判性思维，使他们更加深入的阅读和思考。这个目标的核心在于通过精心设计的问题，引导学生进行深入讨论，培养他们从多角度思考问题的能力。

首先，教师将注重问题的设计。问题是引导学生思考的有效工具，而问题

的设计需要具有思辨性和启发性。教师将针对课文内容和学生的认知水平，设计一系列既能引导学生深入思考，又能激发他们思辨欲望的问题。这些问题可能涉及文本的内涵解读、作者意图分析、语言表达方式等多个层面，引导学生在课堂中形成对文学作品更加深刻的理解。

其次，教师将通过引导学生进行深入讨论来实现目标。课堂上，教师将鼓励学生积极参与讨论，提出自己的见解，并与同学进行交流。在教师的引导下，学生将学会从不同的角度去思考问题，学会关注问题的多个方面。通过这样的讨论，旨在培养学生深度阅读和思考的能力，使他们逐渐具备独立分析问题、判断事物的能力。

这一重点性目标的设计旨在使学生在语文学科中不仅是知识的接受者，更是思考的主体。通过精心设计的问题和引导，学生能够在课堂中养成主动思考、善于质疑的学习态度，提升批判性思维水平，为更高层次的语文素养打下坚实的基础。

3. 提高学生词汇量，合理运用语法结构

在本单元的语文教学中，教师明确了一个重点性目标：通过有针对性的词汇拓展和语法训练，提高学生的语言表达水平。教师通过设计专项词汇练习和语法解析活动，引导学生在语言运用中更加得心应手，使其在表达思想和情感时更加准确、丰富。

首先，注重词汇拓展。词汇是语言表达的基础，拓展词汇量对于提高学生的语言能力至关重要。在本单元中，教师根据教材内容和学生的实际水平，设计专项词汇练习，旨在引导学生学习并掌握与本单元主题相关的关键词汇。通过词汇练习，学生能够更熟练地运用这些词汇，为后续的语言表达奠定坚实的基础。

其次，重视语法训练。语法是语言表达的规则，正确运用语法结构对于提高语言表达水平至关重要。教师可以通过语法解析活动，针对本单元涉及的语法知识点，设计具体而有趣的练习，帮助学生理解和掌握语法规则。通过这些活动，学生能够更自如地运用语法结构，使语言表达更为规范和得体。

通过这一重点性目标的设计，教师旨在使学生在语文学科中不仅是课文内容的接受者，更是主动运用语言进行表达的能动者。通过有针对性的词汇拓展和语法训练，学生能够在语言运用中更加得心应手，提高语言表达水平，为更

高层次的语文素养打下坚实基础。

4.融入历史文化知识，增强自信心

在本单元的语文教学中，教师设立了一个重点性目标：在教学中融入相关的历史文化知识，使学生理解语文的深层次内涵，增强自信心。通过这一目标的设计，教师旨在通过课堂活动，引导学生了解中华传统文化，提高对文化的认同感。

首先，教师将注重历史文化知识的融入。通过精心设计的课程内容，将相关的历史文化知识贯穿于语文教学之中。这可以通过引用经典文学作品中的历史典故，或者通过分析古代文人的写作背景等方式实现。通过这样的设计，学生能够更好地理解语文作品的深层含义，增强对中华传统文化的认知。

其次，教师将进行中华传统文化的理解与传承活动。这些活动涵盖中华传统文化的各个方面，如诗词、散文等。通过互动式的教学方式，学生将能够更深入地了解中华传统文化的博大精深之处。同时，教师应引导学生从中汲取正能量，增强文化自信，让他们在学习语文的过程中更深刻地体会到中华传统文化的魅力。

通过这一重点性目标的设定，教师期望在语文教学中不仅培养学生的语言表达能力，更要让他们深刻理解语文背后的文化内涵。通过融入历史文化知识，教师希望学生能够更好地认识自己的文化根源，增强文化自信，为更全面、更深层次的发展打下坚实的基础。

二、语文核心素养的渗透与提升

（一）语言的建构与运用

1.全局性目标的设定

在本单元的语文教学中，要注重培养学生的语言建构与运用的能力，将这一方面融入全局性目标的设定。全局性目标旨在贯穿整个学习过程，涵盖语言的建构与运用、思维的发展与提升等方面的语文核心素养。全局性目标与语文课程标准相契合，体现了学科的整体性要求。

为了实现全局性目标，教师将设立以下具体目标：

其一，学生能够准确理解并灵活运用本单元所学的词汇和语法知识。

其二，学生能够准确、清晰地表达个人观点和情感。

其三，学生在实际生活中能够运用所学语文知识解决交流中的问题，提高实际运用知识的能力。

全局性目标的设定，旨在培养学生在语文学科中全面发展的能力，使其不仅能够在理论上理解语言建构与运用的要点，更能够在实际生活中游刃有余地运用所学知识。

2. 重点性目标的设定

首先，教师设立的重点性目标之一是通过深入解析课文，使学生理解并掌握其中的语言结构和表达方式。在教学中，精选一篇典型的文学作品，通过详细解析其中的词汇搭配、句法结构、修辞手法等元素，引导学生深刻理解作者的表达意图。

其次，教师旨在培养学生能够灵活运用所学词汇和语法知识的能力，实现语言表达的多样性和生动性。通过有针对性的词汇拓展和语法训练活动，还有一系列实际情境的模拟和角色扮演等活动，引导学生在实际生活中灵活运用词汇和语法，提高学生在语言运用中的创造性能力。

再次，教师设定目标旨在通过实际活动锻炼学生的语言表达与运用能力。在课程设计中，要特别注重小组讨论等合作型活动，使学生在与他人交流的过程中能够更灵活地运用语言。

最后，通过这一系列重点性目标的设定，期望学生在本单元的学习中，不仅能够深刻理解语言的构建方式，还能够在实际运用中更加灵活多样地表达思想和情感。

3. 具体活动的展开

首先，教师将通过深入文本学习的活动，帮助学生理解语言的构建方式。选取经典文学作品，对其中的词汇、句法、修辞手法等进行详细解析。通过分析文本，引导学生理解作者在语言运用上的巧妙之处，使他们在实际运用中能够更深入地理解和应用所学的语言知识。这一活动旨在达成全局性目标中对语言的建构与运用的要求，培养学生对于语言结构的敏感性和准确运用语言的能力。

其次，教师将组织学生进行小组讨论，通过给定的话题，引导他们进行合理的语言表达。在这个过程中，学生不仅能够运用所学的词汇和语法知识，还能通过互动交流，合理表达个人的观点和情感。通过小组讨论，学生将有机会在实际交际中运用语言知识，提高语言表达的流畅性和准确性。这有助于实现全局性目标中对语言建构与运用的深度要求，培养学生在实际交际中的语言能力。

再次，教师将设计专项的语法训练和词汇拓展活动。通过有针对性的练习，帮助学生巩固和拓展所学的语法知识和词汇量。这一活动旨在增强学生的语法和词汇运用的能力，使他们在实际运用中更加得心应手。

最后，通过全局性目标和重点性目标的设定，以及相关活动的展开，教师期望学生在本单元的语文学习中不仅能够在理论上深刻理解语言建构与运用的要点，更能够在实际运用中熟练掌握，提高语言表达水平，为未来的学科学习打下坚实的基础。

（二）思维的发展与提升

学生思维的发展与提升是语文教学的重要目标之一。通过本单元的学习，学生应该能够更加深入地理解课文，形成对文本的批判性思维，发展与提升自己的思维。

1. 全局性目标的设定

首先，着眼于学生通过深入的文本学习，深刻理解其中的文学手法和思想内涵。在本单元中，教师将选择经典的文学作品，通过解析其中的修辞手法、写作技巧，引导学生透过表面现象，深入挖掘作者的用词技巧、情感表达和文学特色。这有助于实现全局性目标中对语言建构与运用的要求，提高学生的文学素养。

其次，学生能够通过文本分析，提出自己对于文学作品的见解，并能够合理阐述个人观点。通过课堂讨论和写作活动，引导学生深入思考文学作品中蕴含的思想，激发他们对于文学作品的独立见解。在这个过程中，学生将逐渐培养独立分析问题、提出观点的能力，在语文学科中更具思辨性。这有助于实现全局性目标中对思维发展与提升的要求，使学生在学科中具备更高层次的批判性思维能力。

再次，学生在课堂讨论和思辨性活动中，能够培养独立思考和分析问题的能力。通过设计富有启发性的问题，引导学生在小组内进行深入讨论，鼓励他们提出不同角度的观点，并进行合理论证。这有助于实现全局性目标中对审美鉴赏与创造的要求，使学生在文学作品的阅读与解析中培养独立思考的习惯。

最后，通过全局性目标的设定，学生在本单元的语文学习中能够全面提升语言的建构与运用、思维的发展与提升、审美的鉴赏与创造、文化的传承与理解等方面的语文核心素养。这有助于学生在将来的学科学习中更好地理解和应用语文知识，实现语文素养的全面提升。

2. 重点性目标的设定

首先，教师要培养学生在课堂讨论中运用批判性思维的能力。通过设计富有思辨性的问题，教师将引导学生在小组内展开深入讨论，从不同角度审视文本，分析其中的问题，并提出深刻的见解。这有助于培养学生的批判性思维，使其在面对文学作品时，不仅能理解表面的故事情节，更能深刻挖掘其中蕴含的思想和文学价值。

其次，学生在文学创作中要提升自己的文学表达能力。在本单元中，教师引导学生通过学习文学手法和结构，通过对课文的深入解析，提升文学创作水平。教师将设定具体而富有启发性的创作任务，激发学生的创作兴趣。通过思维的发展，学生将更有能力运用各种修辞手法，构建生动丰富的语言，实现对文学表达能力的提升。

再次，教师将通过思维导图等形式，让学生展现对于文本结构和思想发展的深刻理解。思维导图是一种直观且具有整体性的表达方式，有助学生将各种元素整合起来，形成对文本的全面理解。这不仅培养了学生的直觉思维，同时也为他们提供了一个更系统的学习工具，促进其思维发展得更具深度和广度。

最后，教师将通过反复实施这些具体活动，使学生在全局性和重点性目标的指导下，逐渐形成批判性思维和创造性表达的良好习惯。这些目标的设定旨在提高学生的学科素养，使其在语文学科中全面发展。

3. 具体活动的展开

首先，教师将组织学生进行小组辩论。这是一个促进批判性思维发展的活动。选取与课文相关的文学问题，让学生以小组为单位展开辩论。在这个过程中，学生需要深入思考文本中的问题，分析不同的观点，并提出有力的论据支持自己的观点。与同学的充分交流能够培养学生独立思考和分析问题的能力。这不仅有助于实现思维的发展与提升的目标，同时也提高了学生的口头表达和逻辑思维能力。

其次，教师设计思维导图的制作活动。在这个活动中，学生将以图形的形式展现对于文本结构和思维发展的理解。通过绘制思维导图，学生可以更清晰地表达文本中的主旨、关键点及不同要素之间的关系。这有助于锻炼学生整合信息和表达图形的能力，促进他们更加系统地理解和分析课文。

再次，教师将引导学生深入文本学习。通过分析课文中的文学手法、修辞技巧及作者的写作意图，学生能够更好地理解课文的内涵。在教学过程中，结合具体的文本，引导学生进行精读和泛读，并通过问题解答等方式激发他们的思维。这一系列的文本分析活动将使学生更为敏感地察觉语言的美感，培养其对文学作品的深刻理解，提升文学素养。

最后，教师将组织学生进行文学创作。通过学习课文中的文学手法和结构，学生将有机会运用所学知识进行创作。教师提供创作主题和引导性问题，让学生进行文学创作，表达自己的思想和情感。这个活动不仅促进了审美鉴赏与创造的全局性目标的达成，同时也是思维发展与提升的重要体现，培养了学生独立思考和表达的能力。

通过以上一系列设计的活动，教师期望学生在全方位的语文学科发展中能够更好地实现思维发展与提升的目标，既能通过理论学习加深对文学的理解，又能通过实际操作提高语文素养，在语文学科中全面发展。

（三）学情和教材的整合，教学重难点的确定

1. 基于学情的目标设定

制定教学目标时，教师将以学生的学情为依据，通过深入分析学生的先验知识、学科水平和认知发展水平，设定有针对性的目标，确保学生在本单元内能够实现预期的学科发展。

首先，教师将关注学生的阅读理解水平，特别要关注整体阅读水平较低的学生。据此设定提高阅读理解能力的目标。通过本单元的教学，学生将在阅读过程中逐渐提升对文本的理解能力，准确把握文章的主旨和细节。同时，教师应注重培养学生对文章结构和语言表达的敏感性，使其在阅读中更加深入。

其次，教师将关注学生的写作能力，设定提高表达能力、提升写作水平的

目标。通过有针对性的写作训练，学生将在语言运用中更加得心应手。教师将注重培养学生在写作过程中的逻辑思维和语言表达能力，使其能够更自如地表达个人观点和情感，提高写作水平。

通过这些有针对性的目标设定，教师将在教学中关注学生个体差异，确保目标的实现与学生的实际情况密切相关。通过适度挑战，激发学生的学科兴趣，促使他们在语文学科中获得更全面的发展。

2. 教材文本的整合

在基于学情的目标设定的基础上，教师深入分析本单元的教材文本，致力于挖掘其中的语言知识、文学鉴赏点和思想内涵，确保学科目标与教材内容的有机结合，保障教学的实际性和可操作性。

以某篇课文为例，教师关注文学手法的应用，通过深入解析课文，设定了鉴赏目标。这一目标旨在使学生不仅能够理解文学手法的具体运用，更能够在实际写作中巧妙地运用这些手法，提升语言表达的艺术性和深度。

同时，通过对文本中思想内涵的剖析，设定引导学生进行深层思考的目标。这一目标的实现，使学生在阅读中不仅限于表面理解，更能够深刻把握作者的意图和作品的主题，培养深层次思考的能力。

通过将这些目标融入教材文本中，教师不仅能够使学生在实际学习中感知到目标的价值，也能使教学更具有实际操作性。这样的设计有助于激发学生对语文学科的兴趣，同时确保他们能够更全面地理解和应用所学知识。

3. 教学重难点的确定

在教学的重难点确定中，教师特别关注了某篇课文中较为复杂的文学手法，将其确定为教学的重点。这些文学手法可能涉及修辞手法等，对学生而言具有一定的挑战性。通过精心设计的教学活动，教师将引导学生深入理解这些手法，使学生能够在实际写作中巧妙地运用这些技巧，达到提高综合运用知识的目标。

同时，教师也充分关注了学生在阅读理解中可能遇到的词汇和句子结构上的难点。在教学中，教师将通过词汇拓展和句子解析等方式有针对性地进行讲解和训练，帮助学生更好地理解和应用这些语言要素，提高他们在实际阅读中的应对能力。

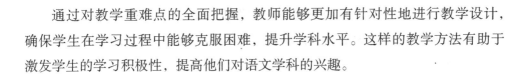

通过对教学重难点的全面把握，教师能够更加有针对性地进行教学设计，确保学生在学习过程中能够克服困难，提升学科水平。这样的教学方法有助于激发学生的学习积极性，提高他们对语文学科的兴趣。

第二节　选择合适的大单元教学模式

建构主义学派认为，学习者应基于自己的独特生活经验去主动建构自己的知识。做好前期的课标、教材、学情分析是教师进行大单元教学设计的前提。

一、研读课标，结合核心素养，为大单元教学设定好方向

（一）总目标的把握

1. 理解语文课程的基本性质与理念

首先，教师要深入理解语文课程的基本性质。语文作为一门综合性的学科，其基本性质包括语言运用、思维发展、审美鉴赏和文化传承等多个方面。语文不仅具有工具性，更是一种复杂而深刻的文化现象的载体。在语文的学科范畴中，学生不仅需要掌握语言的基本规则，还需要理解和运用语言背后蕴含的历史、人文等多层次的信息。因此，在教学设计中，教师要考虑到语文的综合性，确保学生不仅能够在语言运用上得到提升，还能在思维、审美和文化等方面得到全方位的培养。

其次，基于全面提高学生语文素养的理念，教师需要确保教学目标的多元性。传统上，语文教学目标主要侧重于语言表达能力，如识字、写作等方面。随着对语文课程理念的深入思考，教师认识到培养学生的语文素养不应仅局限于语法规则和字词的运用，还需要注重培养学生的思维品质、审美情趣和文化品格。在教学目标的设定上，教师要追求学科的整体性，让学生通过语文学习不仅能够提高语言表达能力，更能够培养综合素养，包括批判性思维、创造性思维、文学鉴赏力等。

再次，教师要注重语文教学中的思维发展。语文课程标准明确提出培养学生的思维品质，这意味着教学设计应该更注重引导学生在语文学科中的思辨和分析能力。通过参加精心设计的教学活动，学生可以在语文学科中培养逻辑思

维、创造性思维及批判性思维等多方面的思维品质。通过对文学作品的解读、对语言结构的分析等活动，学生能够在语文学科中发展多层次的思维方式，提高自己的认知水平。

最后，要强调语文教学中的审美鉴赏和文化传承。语文不仅是一种交流工具，更是一门艺术，是一种审美体验。在教学中，教师应该通过对文学作品的欣赏和历史的学习，培养学生对于美的感知和欣赏能力。同时，作为一门人文学科，语文还承载着文化传承的使命。在教学设计中，教师要注重传承经典文化，引导学生深入了解语文背后的历史、传统、价值观等，使学生在语文学科中能够感受到文化的厚重。

2. 确立全面发展的学科目标

首先，在确立全面发展的学科目标时，教师要深刻理解语文学科的本质和意义。语文学科不仅是关于语言运用的技能训练，更是一门综合性的学科，涵盖了语言、文学、思维、审美和文化等多个方面。因此，学习目标应当体现出全面性，培养学生的全面素养。

其次，学科目标应具有发展性。考虑到学生在不同学段的认知水平和能力差异，教师需要确保学习目标能够逐步发展，学生在语文学科中能够实现螺旋式上升。这意味着学习目标的设定应具有阶梯性，使学生在每个阶段都能够有新的认知和技能的提升。

再次，学科目标要突出素养性。语文学科的核心素养包括语言运用能力、思维品质、审美情趣和文化品格。学科目标应当明确体现这些核心素养的培养，使学生在语文学科中达到高水平的素养。例如，在语言运用方面，学习目标可以包括学生能够准确运用语法规则、灵活应用词汇，实现多样性的语言表达；在思维品质方面，学习目标可以包括培养学生的逻辑思维、创造性思维和批判性思维等；在审美情趣方面，学科目标可以包括培养学生对文学作品的欣赏和理解能力；在文化品格方面，学科目标可以包括培养学生对传统文化的尊重和理解。

最后，学科目标要与语文课程标准的基本理念相一致。语文课程标准中明确强调全面提高学生的语文素养，这一基本理念应贯穿于学科目标的整个过程。学习目标要与课程标准相契合，确保在整个学习过程中能够实现学生的全面发展。

（二）学段目标的关联性

1. 理解学段目标的重要性

首先，理解学段目标的重要性，需要教师认识到不同学段学生的认知发展水平存在差异。学生在不同的年龄段具有不同的认知特点和发展需求，因此，学段目标的设定应能够更精准地引导教学，确保教学内容和方式符合学生的认知水平。首要任务是确保学段目标与学生的发展阶段相契合，从而更好地促进学生的认知发展。

其次，学段目标强调学段之间的关联性，体现了学科知识在不同学段的递进和衔接。这种关联性有助于构建学科知识体系，使学生在整个学科学习过程中能够形成系统的认知结构。通过理解学段目标，教师能够更好地组织教学内容，使之符合学科知识体系的逻辑关系，促使学生更深层次地理解和应用所学知识。

再次，学段目标对于教学设计的合理安排起到了指导作用。明确学段目标有助于教师合理选择教学内容、确定教学重点和难点，确保学生在每个学段都能够有所收获。理解学段目标也有助于教师在不同学段采取灵活的教学策略，更好地满足学生的学习需求。

最后，理解学段目标对于形成个性化教学的框架至关重要。学习目标的设定应当充分考虑学生的个体差异，通过差异化的教学设计满足学生的学习需求。这有助于实现个性化教学，使学生在整个学科学习过程中都能够得到个性化的关注和指导。

在教育实践中，理解学段目标的重要性将为教师提供有力的指导，促使教学更加有针对性、科学化和个性化。

2. 渐进性与阶梯性的教学安排

首先，渐进性的教学安排要求教师根据学生的认知水平和年龄特点合理确定每个学段的教学目标。在早期学段，教师可以侧重培养学生的语言基础和表达能力，注重激发学生对语言的兴趣；在后期学段，则可逐渐引导学生深入思考，提高对文学的理解水平。这种渐进性的安排有助学生在不同学段逐步扩展认知领域，形成系统完整的语文知识结构。

其次，阶梯形的教学安排意味着在每个学段内，教师要合理设置教学的难度层次。通过逐步加大难度，引导学生攀登认知高峰，确保学习任务具有一定的挑战性，但又不至于超出学生的最近发展区。例如，可以在每个学段内设置具有基础性、提高性和拓展性的教学内容，满足不同层次学生的学习需求。这种阶梯性的安排既能促使学生建立自信心，又能激发他们对更高层次知识的探索欲望。

再次，教师需要在教学活动中贯彻具有渐进性和阶梯性的原则。通过设计多样化的教学活动，逐步引导学生深入思考和运用语文知识。例如，在早期学段，可以通过趣味性的语言游戏和小组合作活动培养学生的语言表达能力；在后期学段，则可以组织文学鉴赏、写作比赛等活动，提高学生的综合素养。这样的活动设计有助于将学生从被动接受知识转变为主动运用和探索知识。

最后，教师应注重跨学段的知识衔接，确保学生能够在不同学段之间形成认知的衔接和延伸。通过精心设计的知识链接，使学生在早期学段掌握的知识能够为后期的深入学习奠定基础。这样的教学安排有助于学科知识的连贯性发展，促使学生更好地理解和应用语文知识。

（三）语文核心素养的体现

1.深入理解语文核心素养

首先，深入理解语文核心素养的第一个方面是语言运用能力。语言运用能力是学生运用语言进行有效沟通和表达的基础，在教学设计中，教师需要明确语言运用的层次和要求，包括对词汇、语法、修辞等语言要素的准确掌握，以及在不同语境下恰当运用语言进行表达的能力。教师通过有针对性的语言训练和实际应用活动，可以帮助学生逐步提升语言运用的熟练度，使其能够在不同场景中运用得体的语言进行表达。

其次，思维品质是语文核心素养中一个至关重要的方面，涉及学生的思辨、分析、判断和创新等能力。在教学设计中，教师需要注重培养学生的批判性思维和创造性思维，使其在文本阅读、问题解决和创作等活动中能够灵活运用思维方式。教师引导学生进行深度思考、开展小组讨论和展示性活动，有助于激发学生思维品质的发展，使其具备更高水平的认知能力。

再次，审美情趣是语文核心素养的重要组成部分，包括对文学艺术的欣赏和对美的感知能力。在教学设计中，教师要通过选择富有艺术感染力的文学作品，引导学生感悟其中的美，培养其对文学艺术的审美能力。教师通过丰富的文学鉴赏、艺术创作等方式，激发学生的审美情趣，使其在语文学科中不仅追求知识，更追求情感共鸣和审美体验。

最后，文化品格作为语文核心素养的一项要素，强调学生对传统文化的理解和对当代文化的关注。在教学设计中，教师要引导学生通过文本学习，了解传统文化的价值观念、道德规范等，同时关注当代社会的变革和多元文化的交融。教师通过开展文化对比、社会问题讨论等活动，培养学生的文化品格，使其在语文学科中既具备传承传统文化的责任感，又具备对现实社会的理解和关注。

2. 核心素养与教学目标的结合

首先，确保语文核心素养与教学目标的结合需要深入理解核心素养的具体内涵。在教学设计中，教师要明确核心素养的各个方面在学科中的体现方式，包括语言运用能力、思维品质、审美情趣和文化品格。通过对这些方面的深入理解，教师可以更明确地确定教学目标，确保其与核心素养紧密关联。

其次，根据核心素养的内涵明确教学目标。在教学设计中，教师需要将核心素养中的各个方面具体化为可操作的教学目标。例如，如果核心素养中包含了语言运用能力，那么教学目标可以具体明确为学生能够准确运用特定的词汇和语法知识，实现语言表达的多样性和生动性。教师通过明确的教学目标，可以更有针对性地设计教学活动，使学生在实际操作中逐步达成这些目标。

再次，选择合适的教学内容以支持核心素养的培养。教师根据教学目标，选择与之相符的教材和文本，确保学生在学习中能够接触到丰富的语言表达形式、思维方式、文学艺术和文化内涵。教材的选择应当符合核心素养的要求，有助于学生全面发展。

最后，设计多样化的教学方法和活动。教师在教学时，要根据不同的核心素养选择适当的教学方法。例如，对于思维品质的培养，可以通过讨论、问题解答等方式引导学生进行思考；对于审美情趣的培养，可以通过文学作品赏析和创作活动激发学生的审美体验。总之，教师通过灵活运用多样化的教学方法，有助于更好地达成教学目标，促进学生语文核心素养的全面提升。

二、钻研教材文本，重视单元的纵向联系

（一）教材特点的分析

1. 深入剖析双线组元的教材结构

（1）人文主题与语文要素的内在联系

在教材的双线组元结构中，人文主题与语文要素相互贯通，形成了紧密的内在联系。每个单元都以深刻的人文主题为基础，教师通过精选的文本和材料，巧妙地融入语文要素。这种结构使学生在学习语文教材的同时，能够深刻理解其人文内涵，实现知识与情感的有机结合。

（2）教材结构的逻辑性与连贯性

双线组元的结构为教材赋予了良好的逻辑性与连贯性。每个单元内，人文主题与语文要素相辅相成，构建了一个完整的知识体系。同时，各单元之间通过主题或知识元素的延伸和呼应，形成了有机的教学网络，使学科知识得以渗透，实现了教材结构的系统性。

2. 明确每个单元的教学重难点

（1）人文主题的深度挖掘

教学的重点应当放在对每个单元人文主题的深度挖掘上。教师通过精读相关文本，巧妙引导学生理解人文主题背后的价值观念、社会背景等，培养学生对于人文关怀的敏感性。

（2）语文要素的有机整合

教学难点在于如何将语文要素有机地整合到人文主题中。这要求教师在课堂中通过富有创意的教学手段，引导学生理解语文要素。在这个过程中，教师需要根据学生的实际水平巧妙调整教学方法，保证教学难点得到有效应对。

（3）学科知识与能力的协同展示

教学重难点还包括如何协同展示学科知识与能力。在每个单元中，学科知识和能力相互渗透，但教学中需要特别关注它们的协同展示。通过设计丰富多样的教学活动，引导学生在实际操作中更好地展示学科知识与能力的协同运用，实现全面素养的提升。

（二）四大标准的运用

1.关注文章的经典性

（1）精准选择文本

在教学设计中，教师应关注文章的经典性，精准选择具有深刻文学价值的作品。通过对古典文学、现代文学等领域的综合考量，确保学生接触到经典文本，激发其对文学的浓厚兴趣。

（2）激发学生的独立鉴赏能力

教师要通过精读、文学评论等教学手段，引导学生深入理解文章的经典之处。培养学生独立鉴赏的能力，使其能够在阅读中领略文学作品的深邃内涵，提升对经典性的感知。

2.确保文本的文学性

（1）分析文学手法

在教学设计中，教师要确保选用的文本具有较高的文学性。通过深入分析文学手法等方面的特点，引导学生逐步理解文学作品的技巧，提高他们对文学性的敏感度。

（2）深入理解文学作品精髓

通过对文学作品的精细解读，教师应引导学生深入理解文学作品的精髓。通过分析情节、人物形象、语言运用等方面，使学生逐渐提升对文学作品文学性的领悟水平。

3.注重教学性的发挥

（1）深度挖掘知识与能力要素

在教学设计中，教师需注重文本的教学性，深度挖掘其中蕴含的知识和能力要素。通过有针对性的教学活动，确保学生在阅读中能够逐步掌握文学知识，并在实际运用中提升语文素养。

（2）循序渐进引导学生掌握

教师为了发挥文本的教学性，教学设计应循序渐进，引导学生逐步掌握文学作品中的知识。通过设计难度合适的任务，确保学生在学习中能够循序渐进地提升语文素养。

4.考虑时代性的引导

（1）理解文本与时代背景的关系

在教学设计中，教师要引导学生理解文本与时代背景的关系。通过分析文学作品反映的时代特征，培养学生对社会变迁的敏感性，激发他们跨时空思考的能力。

（2）提升跨时空思考的能力

通过对时代性的引导，教师应促使学生深入思考文学作品在不同历史时期的意义，培养学生具备跨时空思考的能力，使其能够更全面、深刻地理解文学作品的时代性内涵。

（三）单元纵向联系的关注

1.理解单元纵向联系的重要性

（1）知识的递进与深化

单元之间的纵向联系在学科知识的递进和深化中扮演着关键的角色。理解这种联系有助教师更好地规划教学内容，确保学生在不同单元间建立起逐渐深入的认知结构。

（2）连续性认知的重要性

通过关注单元之间的纵向联系，能够促使学生形成连续性的认知。这有助于避免知识的孤立，使学生更好地理解前后单元的关联，提高知识的整体性。

2.贯穿前后单元的知识元素

（1）整合关键知识点

纵向联系的关注使教师能够整合前后单元的关键知识点。在教学设计中，教师应当有意识地引导学生巩固之前学过的知识，并将其有机地融入当前单元，形成更为完整的语文知识网络。

（2）提升学科知识的连贯性

通过贯穿前后单元的知识元素，可以提升学科知识的连贯性，使学生能够更清晰地看到语文知识的脉络，形成更为完整、有机的学科认知体系。

3.构建系统性的学科知识

（1）串联关键知识点

关注单元之间的纵向联系有助于串联不同单元的关键知识点。通过合理安

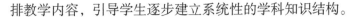

排教学内容，引导学生逐步建立系统性的学科知识结构。

（2）促使学生全面发展

系统性的学科知识结构有助促使学生全面发展。在教学设计中，教师应通过设计能够跨越不同单元的学科任务，使学生更为全面地运用语文知识，提升语文素养水平。

通过深入理解单元纵向联系的重要性，教师能够更好地指导教学设计，确保学科知识在学生认知中得到递进、连贯和系统的发展，为其全面发展语文素养奠定坚实的基础。

三、学情分析，重视学生的最近发展区

（一）认知发展水平的了解

1. 学生的认知发展特点

（1）小学生认知发展特点的分析

在小学阶段，学生的认知发展表现出一系列关键特点，这对教学设计产生了直接而深远的影响。小学生的思维逐渐由简单向复杂发展，他们开始处理更为抽象的概念和问题，但仍然倾向于依赖具象的、直观的经验。这要求教师在设计教学活动时，结合学生的认知水平设置适当难度的任务，引导他们逐步提升思维层次。

（2）由无意识到有意识的转变

小学生的认知发展还表现为由无意识到有意识的逐渐转变。在学习语文知识的过程中，他们逐渐能够有目的地关注和处理信息，而非仅依赖于感性认知。教师应通过激发学生的学习兴趣和主动性，引导他们在有计划的学习中不断提高语文素养。

（3）从笼统认知到分化认知的过渡

小学生在认知上从笼统到分化的过渡也是显著的。他们逐渐能够将知识分门别类，形成更为系统化和结构化的认知框架。教师在设计教学内容时，可以通过渐进的方式，引导学生逐步建构对语文知识体系的理解，提升他们的整体认知水平。

（4）教学设计的关键性

了解小学生认知发展的特点对于教学设计至关重要。教师需要根据学生的

认知水平差异，采用差异化的教学策略，确保教学内容既有挑战性，又符合学生的认知发展水平。同时，教师还需在教学过程中不断激发学生的好奇心和求知欲，促使其在认知上获得更大的突破。

2. 学生的认知发展差异

（1）年龄段带来的差异

各个年龄段学生的认知发展水平存在差异，这就要求教师具备对学生个体差异进行细致分析的能力。年龄的增大往往伴随着认知能力的提升，但不同学生在同一年龄段也可能表现出明显的差异。教师需要通过细致的观察和评估，了解学生的认知水平，有针对性地进行教学设计。

（2）个体认知差异的考量

学生的个体认知差异不仅受年龄影响，还与个体差异、学科偏好等因素有关。在了解学生的认知发展水平时，教师需考虑到这些差异因素，确保教学设计不仅贴近整体年龄段的认知水平，也能够满足个体学生的学科需求。

通过对小学生认知发展特点的深入分析及认知发展差异的考量，教师能够更好地制定教学策略，提升教学的针对性和有效性，为学生语文素养的全面发展提供更为有力的支持。

（二）学生心理特点的考虑

1. 思维活跃，好奇心强

（1）引入趣味性和互动性的教学元素

小学生思维活跃，对新鲜事物充满好奇心，在教学设计中，教师应巧妙融入具有趣味性和互动性的教学元素，如有趣的教学游戏、多媒体资源等，以引发学生的兴趣，激发他们对语文学科的学习热情。

（2）设计富有创意的任务和项目

教师可通过设计富有创意的任务和项目，鼓励学生展开思维的翅膀。例如，教师可以设置小组合作的文学创作活动，让学生在实践中体验语文的魅力，培养其创造性思维。

2. 注意力集中时间的增长

（1）合理安排任务和活动的时长

考虑到学生的注意力集中时间逐渐增长，教师在课堂设计中应合理安排任

务和活动的时长。注意要避免过长时间的单一性活动，因为适度的休息可以帮助学生保持专注度，使学习更为高效。

（2）撰写清晰的学习计划

教师应撰写清晰的学习计划，将教学内容划分成短小的单元，每个单元设置明确的学习目标。通过有序的学习计划，帮助学生更好地掌握知识，提高学科水平。

3.抽象概括能力相对较弱

（1）通过具体事例进行讲解

小学生的抽象概括能力相对较弱，因此在教学中应注重通过具体事例进行讲解。教师通过生动形象的案例，帮助学生建立起对抽象概念的直观认知，降低学习的难度。

（2）设计多样化的教学活动

教师设计多样化的教学活动，包括选择图文并茂的教材、小组合作探讨等方式，提供多维度、多感官的学习体验，帮助学生更好地理解和运用语文知识。

（三）最近发展区理论的应用

1.理解最近发展区的概念

（1）定义最近发展区

最近发展区是指学生当前能够完成但稍有难度的任务范围。这一概念源自让·皮亚杰的认知发展理论，强调学生在当前认知水平的基础上，通过适度挑战来促使其认知能力的提升。

（2）意义和重要性

理解学生的最近发展区对教学设计至关重要。在学生的最近发展区内合理设置任务，既能激发其学习动力，又能确保任务的完成。

2.合理设置学习任务

（1）任务设计的原则

在教学中，教师设计的任务应当以学生的最近发展区为基础，为确保任务的有效性，应遵循以下原则：首要的原则是挑战性与可完成性的平衡，即任务在设置难度时应既具有一定的挑战性，能够激发学生克服困难的欲望，同时也要保证任务对学生来说是可通过合理的努力达到的。这样的平衡有助于维持学生学习的积极性，避免任务难度过大导致学生失去学习的信心。

另一个关键原则是任务的个性化。考虑到学生之间的差异，任务设计应该允许根据个体差异进行微调，满足每个学生独特的学习需求。这种差异化的设计可以通过灵活运用教学资源、调整任务的难度或形式等方式实现。个性化任务的设置有助于更好地满足学生的学习兴趣和水平，提高他们的学科参与度。

综合而言，任务设计不仅要关注任务本身的内容，更要注重任务在学生学习过程中的效果。教师通过平衡挑战性和可完成性，以及考虑学生个体差异，要确保教学任务能够更好地促进学生的全面发展。

（2）任务形式的多样性

任务形式的多样性是教学设计中的重要考量，教师应通过采用不同形式的任务，更全面地激发学生的多方面能力。其中，小组合作是一种常见的任务形式，它能够促进学生之间的协作与交流，培养团队合作精神，同时也能够锻炼学生的社交能力。

另一种任务形式是项目研究。教师通过设立具体的课题或主题，引导学生进行深入研究。这样的任务形式有助培养学生独立思考和解决问题的能力，同时激发他们对知识的主动探究欲望。

问题解决是另一种常见的任务形式。通过设置具体问题，引导学生进行探究和解答。这有助于培养学生解决问题的能力和批判性思维，促使他们在学科学习中形成更为积极主动的学习态度。

任务形式的多样性可以更好地满足学生在不同方面的发展需求，提高其学科综合素养。这样的设计不仅有利于培养学生的各项能力，同时也能够增强他们对学科学习的兴趣和主动参与度。

3. 促进认知能力的提升

（1）任务的认知挑战

通过巧妙设计学习任务，教师能够为学生创造认知挑战的机会，从而推动他们在语文学科中全面认知能力的发展。这种认知挑战不仅要有足够的难度，可以激发学生超越当前认知水平的欲望，同时还需要确保在学生的努力下任务是可以完成的。这种平衡可以有效激发学生的学习动力，推动他们在任务完成的过程中取得进步。

在任务中引入认知挑战可以通过多种方式实现。首先，任务的设置可以彰显学科知识的深度和复杂性，要求学生运用已学知识进行综合性的分析与解决。例如，通过对文学作品的解读，要求学生深入挖掘其中的文学手法、主题内涵等，提高对文学作品的深层次理解。

其次，任务可以引导学生进行跨学科的思考，将语文知识与其他学科领域相结合。通过这种方式，学生在解决问题的过程中需要调动多方面的认知资源，可以培养综合运用知识的能力。

最后，任务的开放性设计也是提供认知挑战的有效途径。开放性任务能够激发学生主动探究的兴趣，引导他们进行更加深入的思考和独立研究，从而在实践中不断拓展认知边界。

通过合理设置具有认知挑战的学习任务，教师能够促使学生在语文学科中实现认知能力的全面发展。这种设计有助于激发学生的学科兴趣，推动其在学习过程中不断超越自我，形成积极向上的学习态度。

（2）反馈机制的建立

学生完成任务后，建立有效的反馈机制是教学设计中至关重要的一环。反馈不仅能够向学生提供关于任务完成情况的信息，更重要的是可以帮助他们总结经验、发现不足，并引导他们进行自我调整、提升学习能力。及时而明确的反馈系统对于学生认知水平的提升至关重要。

首先，反馈应该及时。及时的反馈有助于学生迅速了解自己在任务中的表现，强化已经养成的良好习惯，同时也能够在错误行为产生负面影响之前及时纠正。这种及时性还有助学生保持学习的动力和积极性。

其次，反馈要具有明确性。反馈信息应当清晰明了，指明学生在任务中的优点和不足。通过明确的反馈，学生能够更好地理解自己的学习状态，从而有针对性地进行调整。例如，指出学生在文学作品分析中对于某一文学手法理解得当，同时提醒其在逻辑推理中还存在一定欠缺，这使学生能够更有针对性地进行下一步的学习。

最后，建立循环性的反馈机制也很重要。通过周期性的反馈，学生能够在持续的学习过程中不断得到指导和促进。这有助学生形成自我监控的意识，逐渐培养独立解决问题的能力。

通过建立以上反馈机制，教师能够更好地引导学生进行自我调整，从而推动其认知水平的不断提升。这样的反馈体系不仅有利于学科知识的掌握，更培养了学生在学习过程中主动参与和反思的能力。

第三节 优化小学语文大单元教学环节

一、创设真实大情境，整合单元教学内容

（一）情境认知理论在大单元设计中的应用

1. 情境认知理论的理论基础与大单元设计的融合

情境认知理论强调学习过程中环境对认知的重要影响，认为学习应该在具体的社会情境中发生。这与大单元设计的理念相契合。大单元作为一种教学组织形式，通过将一系列相关的知识和技能整合在一起，为学生提供了更为综合、真实的学习情境。在大单元设计中，教师可以通过创设具体的情境，使学生置身于其中，从而更好地理解和应用语文知识。

以"找春天"情境为例，教师引导学生通过诵读、找寻和种植等活动，亲身体验春天的变化。这样的情境创设不仅可以让学生在实际活动中感受春天，也激发了他们对于课文中描写春天的语句的兴趣。情境认知理论的核心思想是通过参与实际活动，个体能够更好地理解和掌握相关知识。因此，将这一理论融入大单元设计中，有助于提高学生的学习效果。

2. 情境认知理论与课程标准的结合

2017 年的小学语文课程标准明确提出了三类情境：个人体验、社会生活和学科认知情境，这为大单元设计提供了有益的指导。在大单元设计中，可以结合这三类情境展开教学。个人体验情境可让学生在实际生活中体验和感受，如"找春天"情境中的学生的活动。社会生活情境可通过引入与社会相关的主题，使学生更好地理解语文知识在社会生活中的运用。学科认知情境则强调在学科内部构建情境，帮助学生更深入地理解学科知识。

以人教版小学语文一年级上册第四单元"四季的歌"情境为例。该情境围绕个人体验展开，通过任务一中学习《秋天》、任务二中学习《江南》、任务三中学习《四季》《小小的船》，使学生在实际体验中学习四季的知识。这不仅符合个人体验情境的要求，也考虑到了学科认知情境，使学生更好地理解了四季

的概念。

3. 情境认知理论与建构主义的共通之处

情境认知理论与建构主义学派在理论基础上有着共通之处。建构主义认为学习者是积极主动的知识建构者，学习是一个基于个体已有生活经验的建构过程。而情境认知理论则认为学习需要在具体的社会情境中发生，通过参与实际活动来形成知识结构。两者的结合在大单元设计中体现得淋漓尽致。

大单元作为建构主义理念的具体呈现，通过整合相关知识和技能，使学生能更好地在具体情境中建构知识。在"四季的歌"情境中，学生不仅接受了知识，而且通过实际的体验和活动参与，主动构建了对四季的认知。这种学习方式不仅更加符合建构主义的理念，也契合情境认知理论的核心思想。

（二）教学内容调整与教材拓展

1. 教学内容调整与大情境的贴合

首先，教学内容调整可以加强大情境与单元内容之间的贴合度。在大单元设计中，教师需要根据大情境的主题和目标来选择教学内容。例如，针对"四季的歌"，教师可以对课文进行微调，选择与四季相关的内容，如《秋天》《小小的船》《江南》《四季》。这些选材不仅与大情境"四季的歌"主题相契合，还能够提供具体的语言材料，帮助学生更好地理解和掌握四季的特点。

其次，教学内容调整可以通过任务的有机连接来强化大情境的呈现。在大单元中，教师可以设计一系列的任务，将相关的课文和活动有机地连接起来，让学生在学习中逐步理解和体验四季的变化。例如，在任务一中，学习《秋天》时，教师可以创设一个秋天的氛围，引导学生观察秋天的景象、感受秋天的气候，从而深入了解秋天的特点。在任务二中，学习《江南》时，教师可以通过诗歌朗读和图片展示等形式，让学生感受江南的风情，加深对季节与地域特点的理解。在任务三中，学习《四季》和《小小的船》时，教师可以将季节和小船相结合，通过绘画、手工制作等活动，让学生将所学知识与实际情境相联系，培养他们的观察力和创造力。

再次，教学内容调整可以增强学生对每个季节的印象和记忆。通过对教学内容的调整，教师能够选择更具代表性的课文和活动，使学生在学习中形成对每个季节的印象。例如，在"四季的歌"大单元中，教师可以选择课文《秋天》，让学生通过阅读和讨论，深入了解秋天的景象和气候特点。同时，教师还可以引入绘画、手工制作等活动，让学生用自己的方式表达对秋天的理解。通过这样的教学内容调整，学生能够更加深入地认识每个季节，并形成鲜明的印象和记忆。

最后，教学内容调整可以提高学生对语文知识的理解和掌握。教师通过选择与大情境相关的教学内容，可以使学生更容易理解知识，并将其应用到实际情境中。在大单元设计中，教师可以根据学生的学习需求和程度，适当调整教学内容的难度和深度。例如，在学习《四季》时，教师可以引导学生分析诗中的描写手法和意象，进一步理解诗歌的内涵和情感表达。同时，教师还可以通过创作与四季有关的诗歌、歌曲等活动，提高学生对语文知识的应用能力和创造性思维。

总之，教学内容调整是大单元设计中重要的一环，可以加强大情境与单元内容之间的贴合度。通过任务的有机连接和教材的精心选择，教师可以让学生更好地理解和体验四季的变化。另外，教学内容调整还可以增强学生对每个季节的印象和记忆，提高他们对语文知识的理解和掌握。因此，在大单元设计中，教师需要根据大情境的设定，对教学内容进行适当的调整，促进学生更全面、深入地理解大情境主题。

2. 教材拓展与学生阅读兴趣的激发

首先，适度的教材拓展可以激发学生的阅读兴趣。传统的教科书内容通常较为简单和固定，难以引起学生的浓厚兴趣。通过在大单元中适当地拓展教材，可以丰富学生的阅读内容，让他们在探索中充满好奇心。例如，在"四季的歌"大单元中，可以引入与四季相关的儿童文学作品等，例如《看菊花》《瓜儿谣》《九九歌》等。这些拓展教材不仅能丰富学生的阅读体验，也能够提供更多关于季节和自然的知识，激发学生对四季的好奇心和兴趣。

其次，教师通过适当地拓展教材，可以激发学生的探究欲望。教材拓展可以提供更多的学习资源，使学生有机会深入了解与主题相关的各个方面。在"四季的歌"大单元中，教师可以鼓励学生自主选择与四季有关的儿歌、儿童诗等进行探究和学习。这样的拓展不仅培养了学生的自主学习能力，也激发了他们主动探究的欲望。学生可以通过自由拓展的方式，进一步丰富对四季的相关知识的了解，并积极参与到学习中来。

再次，适度的教材拓展可以加深了学生对主题的认知。在大单元中，适当地拓展教材可以帮助学生更全面、深入地理解主题。例如，在"四季的歌"大单元中，教师通过拓展《春晓》等经典诗歌，使学生能够进一步感受到季节的变化、自然的美好和人与自然的关系。这样的拓展不仅拓宽了学生对四季的认知范围，还培养了他们的文学素养和审美意识。通过引入多样化的文本，学生能够对四季形成更为全面和立体的理解。

最后，适度的教材拓展还可以培养学生的批判性思维和创造性思维。教材拓展可以展示不同作者在不同角度对于主题的诠释，鼓励学生进行比较和思考。学生将不同的作品进行对比，分析其中的共性和差异，形成自己独特的看法和思考，可以培养批判性思维。同时，引入创造性的教材拓展，如鼓励学生创作与四季相关的诗歌、绘画等，可以培养其创造性思维和表达能力。这样的教材拓展不仅能够提高学生的语文素养，还能促进他们综合素养的全面发展。

总之，适度且丰富多样的教材拓展可以激发学生的阅读兴趣和探究欲望，并加深他们对主题的认知，还可以在探索中激发学生的好奇心，培养其自主学习和主动探究的能力。适当的教材拓展不仅拓宽了学生的学习资源，还加深了学生对主题的理解，培养了学生的批判性思维和创造性思维。因此，在大单元设计中，教师应该适度进行教材拓展，促进学生综合素养的全面发展。

3. 教学内容调整与学科素养的培养

首先，教师通过对教学内容的调整和拓展，可以更好地培养学生的学科素养。在"四季的歌"情境中，教师可以选择与四季相关的课文，如《秋天》《小小的船》《江南》《四季》。这些课文不仅可以帮助学生了解四季的变化和特点，还能够培养他们对语文知识的理解和应用能力。通过对课文内容的调整，教师可以引导学生深入分析，探究作者的表达意图、写作手法等，在理解和欣赏中提升学生的文学素养和审美水平。

其次，通过任务的有机设置，促使学生在学习过程中形成对季节的感性认知。在大单元中，教师可以设计各种任务，引导学生观察和体验季节变化，并激发他们运用语文知识进行思考和表达。例如，在任务一中，教师可以组织学生进行户外观察，通过观察秋天的落叶等现象，让学生感悟和理解秋天的特点；在任务二中，教师可以让学生通过诗歌朗读、角色扮演等活动，表达对江南的感受和想象。通过这样的任务设置，学生不仅能够在语文知识的学习中体验到季节的美好，还能够提升口头表达和书面表达能力。

最后，教师可以邀请学生自由拓展与四季相关的儿歌和儿童诗，通过欣赏、讨论和创作，让学生深入感受文学的魅力。这样的拓展活动可以激发学生的审美情感，培养他们对文学的独立鉴赏能力，提高他们对美的感知和表达能力。同时，也能够增强学生对不同文本形式的理解和欣赏能力，丰富他们的文化素养。

总之，通过对教学内容的调整和拓展，学生可以在深入理解语文知识的同时培养语文学科素养。学生可以更全面地理解语文知识，并将其应用到实际情境中，还可以培养审美情感和鉴赏能力。这样的教学内容调整可以促进学生综合素养的全面发展，提高他们的思辨能力、表达能力和审美能力。

（三）支持建构主义的学习环境

1. 建构主义学派与学习环境的关系

（1）建构主义学派的理念

建构主义学派认为学习是一种主动的、个体内部的建构过程，学习者通过参与实际活动来建构自己的知识体系。这一理念强调学习者在认知需求与已有生活经验相一致的环境中学习。学习者通过与环境的互动，构建对世界的认知和理解，不是被动地接受知识，而是在积极参与的过程中主动建构知识。

（2）情境构建与建构主义的契合

在大单元设计中，情境的构建与建构主义的理念紧密契合。情境构建意味着在教学中创设具体的社会情境，使学习发生在有意义的环境中。在这一过程中，学生不仅是在纸上获取抽象的知识，而且通过参与情境中的实际活动，将语文知识与生活经验相联系，构建起对语言、文化和社会更深刻的理解。

情境构建为学习者提供了真实、有意义的学习环境，使其更容易将抽象的语文知识转化为实际应用的能力。例如，在以"找春天"为主题的情境中，学生通过实地寻找、诵读、种植等活动，将春天的概念与实际生活紧密结合，使学习不再是单一的知识获取，而是融入了情感、体验和实践。

（3）学习者的积极参与

建构主义注重学习者的积极参与，而情境构建为学习者提供了更多参与的机会。通过将学习置于具体情境中，学习者不再是被动地接受信息，而是在实

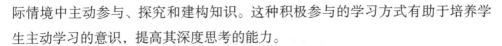

际情境中主动参与、探究和建构知识。这种积极参与的学习方式有助于培养学生主动学习的意识，提高其深度思考的能力。

（4）知识的整合与深化理解

建构主义认为学习是一个整体性的过程，知识的建构是在不断的实践和经验中逐步完善的。情境构建通过创设情境，使学习者在实际问题中应用语文知识，从而促使知识的整合和深化理解。学习者在具体的情境中不仅能够获取零散的知识点，更能够将这些知识点有机整合起来，形成对语文学科更为全面的理解。

情境构建与建构主义学派的理念相辅相成。通过为学习者提供有意义的学习情境，促使其在实际经验中主动建构知识，从而更好地实现语文素养的全面提升。这种整合性的教学模式不仅契合了现代教育对学生综合素养的培养要求，同时也为学科教学注入了更为生动的元素。

2. 情境的创设与认知需求的契合

首先，情境认知理论强调学习发生在具体的社会情境中。学习的过程不仅是从书本中获取知识，还需要将知识置于具体的情境中进行体验、感知和应用。情境创设在大单元设计中正是基于这一理念，通过为学生创设具体的情境，如季节变化、自然环境等，使学生能够更加直观地感受知识的实用性。

其次，情境创设与建构主义的理念相契合。建构主义认为学习是主动的，学生通过与环境的互动来建构自己的知识。情境创设可以提供具体的学习环境，让学生能够主动地参与和建构知识。通过情境创设，学生可以运用所学知识解决实际问题，培养创造力、批判性思维和解决问题的能力。

再次，情境创设有助于提高学生的认知需求。情境创设可以激发学生的学习兴趣和好奇心，使他们更主动地参与学习。在大单元设计中，通过创设具体的情境，学生能够更加直观地感受知识的意义。他们可以通过亲身经历和观察，深入了解和探索知识的内涵，提高对知识的需求和主动探索的能力。

最后，情境创设可以帮助学生将所学知识与实际情境相联系。通过在具体情境中学习，学生可以更好地理解知识的意义和价值，并将所学知识应用到实际生活中。例如，在"四季的歌"大单元中，学生通过观察和体验季节的变化，可以更深入地了解四季的特点和自然环境，同时可以通过绘画、写作等形式将自己的感受和体验表达出来。这样的情境创设使学生能够将所学知识与实际生活紧密结合，提高了学习的实用性和适应性。

  3. 情境创设与学生主动建构知识的过程

  （1）情境创设与学习者认知需求的契合

  情境创设的首要目标是与学生的认知需求相契合。通过将学生置身于真实的社会情境中，教师创造了一个具体而有趣的学习环境，使学生更容易将所学的语文知识与实际生活相联系。这种契合认知需求的情境设计能够激发学生的学习兴趣，使他们更愿意参与到语文学科的学习过程中。

  （2）情境创设与学生生活经验的结合

  情境创设需要紧密结合学生的生活经验，使学生在情境中能够找到与自身经验相关的元素。这样的设计有助学生更好地理解抽象的语文知识，并将其与日常生活联系起来。以学生熟悉的场景和事件作为情境，有助引起学生的共鸣，使学习更加真实和具体。

  （3）情境创设与学生主动建构知识的互动

  情境创设为学生提供了主动建构知识的机会。学生在具体的情境中不仅能够获取信息，还能够通过自主思考、合作探究等方式进行知识的建构。这种互动式的学习过程使学生成了学习的主动者，而非被动的接受者。例如，在以"找春天"为主题的情境中，学生通过实地寻找、诵读、种植等活动，不仅学到了关于春天的语文知识，还在实践中建构了对春天的深刻理解。

  （4）情境创设与语文素养的全面提升

  情境创设的最终目标是实现学生语文素养的全面提升。学生参与真实情景中的学习，不仅满足了对知识的认知需求，还培养了在实际生活中运用语文知识的能力。这种全面的素养提升不仅包括语言技能，还涉及情感态度、文化意识等方面，可使学生更好地适应多样化的社会环境。

  总体而言，情境创设在大单元设计中是建构主义学派理念的具体实践。通过契合认知需求、结合生活经验、促进主动建构知识的互动，情境创设为学生提供了更为真实、有趣、富有挑战性的学习环境，推动了学生语文素养的全面提升。

二、在大情境下设置任务及活动，完善单元整体教学过程

（一）任务设计与学习任务的整合

1. 任务的整合与创新

（1）任务设计的核心

在大情境下设置的任务以解决实际生活中的问题为主，教师通过整合核心素养、课程标准及教材文本中的知识技能，培养学生全面的语文素养。任务设计的核心理念是将学生置于学习的主体地位，强调学生在学习中的主动参与性，倡导自主、合作、探究的学习方式。这一设计理念明显改变了传统教学对文本知识的过度依赖，使学习更注重实际应用和情感体验。

在任务设计中，首要考虑的是学生的认知水平和兴趣点。任务的设定应该具有一定难度，能够激发学生的学习欲望，但又不至于超越其能力范围，避免学生产生挫折感。任务的整合需要与大情境贴合，确保任务与实际生活有机结合。教师引导学生通过任务解决问题，培养其实际应用语文知识的能力。

（2）任务整合与学科素养的提升

教师通过将核心素养、课程标准和教材知识有机地融入任务中，使学生在任务完成的过程中得以全方位、深入地理解和运用语文知识。这种整合性设计有助于打破传统教学中对知识的割裂，使学科素养在实际问题的解决中得以更好的体现和发展。

任务整合的学科素养提升体现在学生在任务中对知识的实际运用上。他们不再仅是被动接受知识，而是主动运用、整合各类语文知识。这种任务整合性设计使学科素养更加全面、贴近实际，为学生的综合素养提升奠定了基础。

（3）任务整合与学习方式的创新

任务整合性设计给学习方式带来创新。教师将学生置于学习主体的地位，鼓励自主、合作、探究的学习方式。这不仅培养了学生的学习主动性，还促使他们在合作中共同探讨、解决问题。这种学习方式的创新使学生更加积极主动地参与到整个学习过程中，培养了他们团队协作和自主学习的能力。

任务整合性设计的创新还体现在对学生思维能力的培养上。学生在任务解决过程中需要进行独立思考、合作讨论，促进了批判性思维和创造性思维的发展。这种创新的学习方式使学科知识更具深度和广度，提升了学生更高层次的

思维水平。

（4）任务整合与实际应用能力的培养

任务整合性设计的最终目标是培养学生实际应用语文知识的能力。教师将任务置于实际生活情境中，促使学生在解决问题的过程中应用所学语文知识。这种实际应用能力的培养使学生不仅能在理论上理解知识，更能够在实际情境中熟练运用知识，为将来面对各种问题提供了更为全面的支持。

任务整合性设计通过对实际应用能力的培养，使学生在解决问题的过程中更具创造性。学生在任务中不仅需要灵活运用所学知识，还需要组合知识来解决实际问题。这使得学生有能力面对未来可能产生的复杂问题，也为未来的学习和工作奠定了坚实基础。

2. 大任务的重要性与学习方式的创新

（1）大任务的重要性

大任务的设计在整个大单元教学中扮演着至关重要的角色。通过设定大任务，教师能够将学科知识与实际问题相结合，使学生在解决问题的过程中全面掌握语文素养。大任务的设定不仅使学生在学习中形成了系统性的认知，还能够激发他们的学习兴趣。在大任务中，学生需要运用所学的语文知识解决实际问题，这使知识得以更好地整合与拓展延伸。

在大任务的执行过程中，学生将直面具体的挑战和需求，这有助于培养他们解决问题的能力。通过解决大任务中的实际问题，学生将对所学知识有更深层次的体验和理解。

（2）学习方式的创新

大任务的设计引领了学习方式的创新。在传统的教学中，学生往往是被动接受知识，而大任务的执行要求学生在实际问题中主动参与，通过自主学习、合作学习和探究学习，实现对知识的深入理解。这一创新的学习方式强调学生在学习中的主体地位，培养了他们独立思考和解决问题的能力。

学习方式的创新还表现在学生的合作中。在大任务的执行过程中，学生需要分工合作，共同完成任务。这不仅培养了学生的团队协作和沟通能力，还激发了他们对学科知识的兴趣。此外，通过与同学的合作，学生不仅能够分享经验，还能够学到不同的思考方式，与同学共同进步。

（3）解决实际问题与实践动手能力的培养

大任务的设计注重学生在实际问题中的解决过程，培养学生实际操作的能力。在任务执行中，学生需要运用语文知识解决具体问题，进行实地调查、实际操作。这种解决实际问题与实践动手的结合，有助学生将理论知识转化为实际操作能力，提高实际动手水平。

通过解决实际问题，学生在任务中不仅能够学到具体的理论知识，还能够培养实际应用知识的能力。

3.活动设计的角色与整合性要求

首先，在一个大单元中，活动是确保学生充分理解和应用语文知识的重要手段。通过精心设计的活动，学生可以在实践中感受语文的魅力，增强对语文的兴趣和学习的积极性。

其次，活动的设计需要具备活动性、整合性和延展性等特点。活动性指的是活动要具有一定的趣味性和互动性，使学生主动参与其中。例如，在"找春天"的大单元中，可以设计一场语文实践活动，让学生去小区或者校园寻找春天的踪影，感受春天的气息。整合性指的是将多个环节有机地连接在一起，形成完整的学习过程。例如，通过诵读诗歌、阅读相关文章、进行口语交流等活动，将学习内容与实际生活联系起来，使学生能够更全面地理解和掌握语文知识。延展性指的是活动要有一定的延续性和深度，可以引发学生自主思考和拓展学习的空间。例如，在开展"我眼中的春天"活动中，可以要求学生撰写一篇作文或者设计一幅插图，以表达他们对春天的独特理解。

最后，活动与任务之间需要有机衔接。活动不仅要激发学生的学习兴趣，还要帮助他们达成大任务的学习目标。因此，在活动设计中，需要根据任务要求和学生的实际情况，合理安排活动内容和形式。例如，在"找春天"大单元中，可以将诗歌的诵读安排在前期，启发学生对春天的感受；将阅读活动安排在中期，加深学生对春天的理解；将语文实践活动和口语交际活动安排在后期，提高学生运用语文知识的能力。

（二）大任务的重要性与学习方式的创新

1.任务设计的要求

首先，任务设计需要与学习任务进行整合。学习任务是指在教学过程中对学生提出的要求和目标，任务设计是为实现这些目标而制定的一系列具体活动。

因此，任务设计与学习任务之间应该有密切的联系。

在任务设计中，关键是确保任务与大情境相贴合。大情境是指教材内容所处的社会和文化背景，以及学生所处的实际生活情境。任务设计应该围绕实际生活情境中的问题或需求展开，引导学生通过运用语文知识和技能解决问题。

其次，任务设计应兼顾学生的认知水平和兴趣点。任务设计应考虑学生的年龄特点、学习能力和兴趣爱好，任务难度和学生能力要匹配。任务的难度不能过高，以免学生产生挫折感、减弱学习动力；也不能过低，要有一定的挑战性，以激发学生的学习欲望。

再次，任务设计的整合要求任务与实际生活情境有机结合。任务设计应贴近学生的实际生活，让学生能够感受到语文知识在实际应用中的作用和意义。任务可以以学生熟悉的话题或者实际问题作为背景，引导学生通过阅读、写作、口语交流等方式解决问题。这样的任务设计能够培养学生运用语文知识解决实际问题的能力，提高学习的实际效果。

最后，任务设计应倡导自主、合作、探究的学习方式。任务设计要注重培养学生的学习能力和学习方法，让学生在任务中成为学习的主体，通过自主探究和合作学习获取知识和解决问题。例如，可以设计问题，让学生通过合作探究的方式解决问题，并通过小组展示或讨论的形式分享自己的学习成果。这样的任务设计能够培养学生的思维能力、合作能力和自主学习的能力。

2. 大任务的重要性

首先，大任务的设计在整个大单元教学中起着引导和推动的作用。传统的语文教学往往以知识点的传授为主，学生只是被动地接受和记忆知识。而教师通过设置大任务，将学习目标与实际问题相结合，使学生在解决问题的过程中主动思考和运用语文知识，让学生成为学习的主体，激发了他们的学习兴趣和主动性，提高了学习的积极性和效果。

其次，大任务注重学生在情境中的学习。大任务的设计不仅考虑了学习目标和知识要点，更注重将学习与实际生活情境相结合。通过真实的情境背景，学生可以更好地理解和应用语文知识，培养实际应用能力。例如，在"写一篇旅游日记"的大任务中，学生需要在实际情境中进行调研和收集素材，并有目的地应用所学知识进行写作。在这个过程中，学生可以真实地体验到语文知识的作用和意义，增强学习的实践性和可操作性。

再次，大任务强调学生的自主学习、合作学习和探究学习。在大任务的执行过程中，学生需要深入思考、自主研究，通过与他人讨论和合作，共同解决问题。这种学习方式培养了学生独立思考和解决问题的能力，增强了创新意识。同时，学生在合作学习中也培养了团队协作和表达的能力，学会了与他人合作、互助共进。这样的学习方式不仅有效地促进了学生语文素养的全面提升，还培养了他们的社交能力和实际动手能力。

最后，教师在大任务的设计和执行中应该成为学生学习的指导者和引领者，而不仅是知识的传播者。在教学中，教师应根据学生的背景和能力，设计合适的任务，引导学生发挥主体作用，鼓励他们思考、实践和创造。

（三）活动设计的特点

活动在大单元中扮演了完成大任务的重要角色。例如，在"找春天"大单元设计中，通过诵读《村居》《咏柳》，阅读《找春天》《笋芽儿》，开展"我眼中的春天"语文实践活动、口语交际活动等方式，使学生感受春天、寻找春天、播种春天、表达春天，更全面地理解和掌握语文知识。

1. 整合性活动

整合性活动是指将不同的活动环节有机地连接在一起，形成一个完整的学习过程。这样的活动设计能够帮助学生将语文知识与实际问题相结合，培养实践能力和创造力。通过整合性的活动设计，学生能够应用语文知识解决实际问题，提高语文素养的全面发展。

在整合性活动中，学生可以参与到不同的活动环节中，如阅读、写作、演讲、实践等。这些活动既强调知识与实际情境的结合，又注重学生的表达和交流能力的培养。例如，在"找春天"大单元中，可以设置一系列的整合性活动，如口头表达对春天的感受、个人撰写有关春天的诗歌或文章、展示自己眼中的春天等。通过这些活动，学生既深入理解了春天的内涵，又提升了语言表达和沟通的能力。

整合性活动还能够培养学生的合作意识和团队精神。在活动中，学生需要与他人合作、讨论，共同解决问题。通过与他人互动、交流，学生可以学会倾听、合作和共享资源，发挥社交能力和团队协作意识。

整合性活动也是现代教育理念对学生综合素养培养要求的体现。在整个大单元教学中，大任务设定及活动设计相互协同，推动了学生综合素养的全面发展。通过整合性活动的实施，学生不仅能够对语文知识有更深入的理解和应用，创新能力、批判性思维和实践能力等综合素养也能得到全面提高。

2. 整合性设计对建构主义的契合

首先，整合性设计与建构主义学派的理念相契合。建构主义认为学习是主动的过程，学生通过与环境的互动和社会交往来建构自己的知识。整合性设计强调通过多样化的活动帮助学生主动地参与和建构知识，使学习变得更具个性化和实践性。在整合性设计中，学生参与阅读、写作、口语交际、实践等多个方面的活动，从而在实践中建构知识。

其次，整合性设计更好地适应了学生的学习需求。在传统教学中，知识被分割为各个学科，学生往往无法将所学知识与实际生活相联系。而整合性设计将不同学科的知识融合在一起，使学生能够将所学知识与实际生活有机结合。

再次，整合性设计有助于打破传统教学中对知识的割裂现象。传统教学往往进行分科教学，缺乏对知识之间的联系和整合的关注。整合性设计通过将不同学科的知识有机地连接在一起，使学生能够看到知识之间的共性和互动关系。这种综合性的设计能够帮助学生建立更为丰富和深刻的认知结构，促进知识的应用。

最后，整合性设计对于学生综合素养的全面提升具有深远的意义。整合性设计可以培养学生的学科素养，提升他们的跨学科思维和解决问题的能力。同时，通过合作，学生可以提高人际交往和合作能力，有助于促进综合素养的全面发展。

第七章 结论、启示与建议

第一节 研究结论总结

一、大单元教学在小学语文课堂中的效果验证

（一）深入案例分析的方法论

1. 案例选择与设计

在验证大单元教学效果的过程中，案例选择与设计是至关重要的环节。教师需要进行系统的案例选择，确保所选案例具有代表性，能够全面反映大单元教学的特点。这一步骤涉及对不同学科、年级、学生群体的案例进行综合考量，确保研究结果的普适性和可信度。

在案例研究方案的设计上，教师需要精心安排各个方面的细节。首先，教学内容的设计要考虑到大单元教学的核心理念，确保能够充分体现学科整合、跨学科学习等特点。其次，教学方法的选择需要符合大单元教学的原则，注重启发式教学、学生参与和实践操作等要素。最后，评估标准的制定要贴合大单元教学的目标，既包括学科知识的掌握，也包括学科综合能力的培养。

在案例的实施过程中，教师需要详细记录教学过程的各个环节，包括教师的教学策略、学生的参与情况、课堂互动等方面的细节。教师通过系统的观察和记录，能够深入挖掘大单元教学的实际情况，捕捉学生在学科整合中的学习过程和成效。

2. 数据收集与分析

为全面评估大单元教学在学科综合能力发展方面的效果，教师采用了多种数据收集方法，以获得丰富而全面的信息。其中，学生学科成绩是一个重要的

定量数据来源。通过比较大单元教学与传统教学模式下学生的学科成绩，可以直观地了解大单元教学在知识传授和学科理解方面具有的显著优势。

除了学科成绩，教师还运用学科兴趣问卷调查来获取学生在大单元教学中的学科兴趣。这种定性数据能够更好地反映学生对学科的主观感受，揭示大单元教学对于学科兴趣的影响程度。问卷调查设计综合考虑了学科整合、教学方式等因素，为深入了解学生在大单元教学中的态度提供了重要线索。

此外，教学观察也是数据收集的重要环节。通过对大单元教学过程的实地观察，教师可以捕捉到教学策略、学生的互动、课堂氛围等细节信息，这有助于全面了解大单元教学在实际教学中的执行情况，为数据分析提供深刻的背景信息。

综上所述，在数据分析阶段，教师将采用综合的方法，对定量和定性数据进行分析。教师通过统计分析学科成绩的变化趋势及深入解读教学观察记录，能够得出更为全面、深入的结论。这样的综合数据分析将为大单元教学效果的评估提供科学可靠的依据，也有助于揭示大单元教学在学科综合能力发展方面的潜在效果。

（二）大单元教学在知识传授方面的显著优势

1. 知识内化的深入研究

深入研究学生知识内化的过程揭示了大单元教学模式在这方面具有的独特优势。通过分析学生对知识的掌握情况，教师可以发现大单元教学模式能够在知识内化方面产生显著影响，为学生提供更为有机的学习框架。

学生在大单元教学中更容易建立起知识网络。这一优势体现在大单元教学强调学科整合，将知识串联起来，形成一个有机的体系。相较于传统的分散式教学，大单元教学通过将相关知识进行有机组织，使学生更容易理解知识之间的关联，形成更为稳固和深刻的认知结构。

此外，大单元教学通过延续学习时间，使学生有更多的机会进行复习和应用知识。这种连贯性的学习有助于巩固知识，促使学生对于知识的深层理解。学生在长时间内对同一主题进行学习，能够培养其在知识内化上的自觉性和深度思考能力。

总之，大单元教学模式在知识内化方面的优势主要体现在其整合性学习框

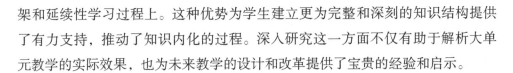

架和延续性学习过程上。这种优势为学生建立更为完整和深刻的知识结构提供了有力支持，推动了知识内化的过程。深入研究这一方面不仅有助于解析大单元教学的实际效果，也为未来教学的设计和改革提供了宝贵的经验和启示。

2. 学科理解的提升

通过对学生的学科理解水平的案例进行比较，教师可以发现大单元教学模式为学生在语文学科中建立更为全面的认知框架提供了有力支持。

在大单元教学中，学生能够更好地将所学知识与实际应用相结合。这一优势体现在大单元教学通过实际案例、项目等形式，引导学生将抽象的语文知识与实际生活情境相联系。相较于传统的碎片化学科教学，大单元教学更加注重学科的整体性，使学生更容易理解语文学科，提高了其对学科的实际运用能力。

大单元教学模式还通过跨学科学习的设计，促使学生在语文学科中融合其他学科的知识。这种综合性的学科理解有助于学生形成更为丰富和深刻的学科认知，提升了他们对语文学科整体的理解水平。学生在大单元教学中不仅是单一学科的知识获取者，更能够将不同学科融入语文学科的整体认知中。

（三）大单元教学与传统教学的比较

1. 传统教学模式的局限性

通过深入剖析传统教学模式，教师可以发现其在知识传授和学科整合方面存在一系列局限性，具体如下：

首先，传统教学模式注重知识的单一传授。教师往往按照教材的结构，将知识点一一传授给学生。这种碎片式的方式难以激发学生对知识整体性的认知，使学生更倾向于孤立地记忆知识点，而非将其融入学科的整体框架中。

其次，传统教学模式容易造成学科知识的割裂。在传统课堂中，不同的学科知识点往往被分散教授，学生难以将这些零散的知识点有机地联系起来，导致形成的学科认知常常是零散的、碎片化的，难以建立起全面而深刻的学科理解。

最后，传统教学模式偏重对学科知识的表面性理解。因为注重考试和成绩，传统教学往往侧重于学科知识的记忆和应试技能的培养，缺乏对学科整体结构和内在联系的深入思考，使学生难以在实际问题中运用所学知识，限制了其对学科的整体把握和深层次理解。

2. 大单元教学的优越性

首先，在知识内化方面，学生在大单元教学中更容易建立起整体性的知识网络，促进了对知识的深刻理解。

其次，在学科交叉应用方面，大单元教学成功实践了学科整合的理念，使语文学科与其他学科更为有机结合。这种跨学科的学习设计使学生能够在解决问题的过程中综合运用不同学科的知识，培养了学生的综合素养，更好地促进了学生对学科整体性的认知。

最后，学生在大单元教学中表现出更高的学科兴趣和更强的解决问题的能力。教师通过引入案例、项目等实际应用的学习方式，激发了学生对学科的主动参与感，使其更具有学科探究的动力，为学生的综合发展提供了更为有利的学习氛围。

综合而言，通过对比实验的详细解读，教师验证了大单元教学在知识内化、学科交叉应用、激发学科兴趣等方面的显著优势。这些优势不仅为大单元教学模式的推广提供了支持，同时也为教育改革提供了更为全面和深入的思考方向。

二、教学环节优化的实证研究

（一）教学目标的深入实施

1. 学科综合能力培养的目标设定

通过深入研究大单元教学中的教学目标设定过程，教师可以发现设置学科综合能力培养目标是教学成功的关键。在大单元教学中，教师在制定教学目标时通常注重学科整合、跨学科应用及学科能力的全面培养。

首先，学科整合是目标设定的一个重要方面。教师在大单元教学中往往设定跨学科的整合目标，旨在通过将不同学科的知识进行有机结合，培养学生对于学科整体性的认知。

其次，跨学科应用是目标设定的另一个关键因素。在大单元教学中，设定能够促使学生将学科知识应用于解决实际问题的目标，有助于培养学生的综合运用能力。

最后，注重学科能力的全面培养是目标设定的核心。大单元教学的目标往往包括语文素养、科学思维、创新能力等多个方面。这种全面性的目标设定有

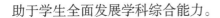

助于学生全面发展学科综合能力。

2.教学目标与教学内容的精准匹配

深入探讨教学目标与具体教学内容之间的关联性是确保教学成功的重要环节。在大单元教学中，教师需要精准匹配教学目标和具体的教学内容，有效引导学生的学科思维和实践能力。

首先，教学目标应当与教学内容保持一致。目标的设定应当具体明确，能够指导学生在具体学科领域中的发展方向。通过深入剖析目标，教师能够更清晰地了解目标所涉及的具体知识和能力要求，从而更好地选择和设计教学内容。

其次，教学内容应当具有挑战性和启发性，能够有效促使学生达到设定的目标。内容的选择应当涵盖目标所涉及的各个方面，确保学生在学习过程中能够全面发展相关的学科能力。

最后，教学内容的设计还应当考虑学生的实际水平和兴趣。合理的教学内容安排有助于引发学生的学科兴趣，提高他们的学科参与度。此外，通过关注学生的个性化需求，教师能够更好地调整和优化教学内容，确保其满足目标设定的要求。

在整个教学设计过程中，教师需要不断地审视教学目标与教学内容之间的匹配程度，确保二者紧密关联，相互支持。这种精准的匹配有助于提高教学的有效性，引导学生在学科思维和实践能力方面取得更为显著的进步。

（二）教学模式的选择与优化

1.多元化教学模式的比较

在大单元教学中，有多种不同的教学模式，包括整合式、主题式和项目式等。对这些多元化教学模式进行详细比较，有助于分析它们的优劣，并为教师提供在特定情境中选择最适合模式的依据。

整合式大单元教学模式注重在一个大单元内整合多个学科领域的知识。其优势在于促使学生形成跨学科的思维，理解知识之间的关联性。

主题式大单元教学模式以一个主题为中心，围绕主题展开学科内容。这种模式有助于提高学生对主题的深入理解，激发学科兴趣。但是，可能存在主题选择的主观性和局限性，以及在某些情境下无法全面覆盖所有学科领域的问题。

项目式大单元教学模式强调实践应用，注重培养学生通过实际项目解决问题的能力。然而，项目的设计和实施可能面临复杂性要求的挑战，需要精心策划和组织。

综合比较这些多元化教学模式，教师应根据特定的教学目标、学生特点和教学环境选择适当的模式。整合式模式适用于追求跨学科整合的情境，主题式模式适用于注重主题深度拓展的情境，而项目式模式适用于强调实际应用和解决问题能力的情境。对这些模式的详细比较为教师提供了理性的选择依据，使其能够更好地根据实际需求进行灵活而有效的教学设计。

2. 选择模式的原则与策略

首先，教师应当根据教学目标的特性选择合适的教学模式。如果目标侧重于跨学科整合，整合式大单元教学模式可能更为适合；如果目标是深入探讨一个主题，主题式大单元教学模式可能更具优势；如果目标在于培养学生解决实际问题的能力，项目式大单元教学模式可能更合适。选择模式的原则之一是确保模式与设定的教学目标相契合。

其次，教师需要考虑学生的特点和实际情境，将学生的学科兴趣、学科能力和学习风格等因素都纳入考虑范围。根据学生的特点选择适合他们的教学模式，可以更好地激发学生的学习热情，提高教学效果。实际情境包括教学资源、教育政策等因素，要确保所选择的模式在具体实施中能够得到有效的支持。

最后，教师还应灵活运用不同的大单元教学模式。在实际教学中，可能会面临不同的学科内容、学生群体和教学需求，单一的教学模式可能无法适应所有情境，灵活运用整合式、主题式和项目式等多种模式，结合教学实际，有助于更好地满足多样化的教学需求。

（三）教学环节的全面优化

1. 教学内容的合理搭配

在大单元教学中，教师应对各个教学环节的内容设计进行深入研究，通过精心的搭配，确保学生在学科综合能力培养的过程中获得更全面的知识。

首先，教师需要考虑整个大单元的教学目标，明确要培养学生哪些学科的综合能力。这有助于确定教学内容的方向和重点。

其次，在设计教学内容时，应确保各个环节相互衔接，形成有机的教学体系。例如，从引入大单元主题开始，教师可以通过激发学生的兴趣引导他们进入学科内容，在此基础上，逐步展开涵盖多个学科领域的知识，并通过引入案例和项目等形式，将学科知识融入实际问题的解决中。

再次，教师应注重教学内容的层次。通过合理的层次结构，从基础知识到高阶能力的培养，使学生能够逐步建立完整的学科认知体系。同时，深入挖掘教学内容，让学生在大单元中深刻理解学科知识，培养分析和解决问题的综合能力。

最后，教师还可以注重多元化的教学方法和资源的应用。通过融合多种教学手段，如讨论、实验、项目实践等，激发学生多样化的学习方式和潜能。另外，利用丰富的教育资源，包括图书、网络、实地考察等，丰富大单元教学的内涵，使学生能够在不同情境中获得更广泛的知识体验。

2. 学科思维与创新能力的培养

在大单元教学中，应该超越单纯的知识传授，注重培养学生的学科思维和创新能力。为实现这一目标，教师可以采用一系列方法，包括引入实践和开展讨论等策略，激发学生主动学习与创造性思考的能力。

首先，通过引入实践环节，可以让学生将抽象的学科知识转化为具体的实际操作，包括实地考察、实验设计等形式，使学生在实际操作中更好地理解和应用学科知识。实践环节的设计应当充分考虑学科思维的培养，能够通过解决实际问题培养学生扎实的学科思维能力。

其次，通过开展讨论环节，激发学生的思辨能力和批判性思维。在讨论中，学生通过交流观点、分析问题等方式，深化对学科知识的理解。此外，教师还可以鼓励学生提出问题并进行解答，促使他们主动思考，培养更为深入的学科思维能力。

最后，教师还可以通过设立项目任务、开展小组合作等方式，让学生在解决实际问题的过程中培养创新能力。项目式学习有助于培养学生的团队协作及创造性解决问题的能力，并培养学生的学科思维和创新意识。

第二节　对小学语文大单元教学的启示

一、教学模式创新的必要性

（一）传统分散教学模式的限制

1. 基础知识传授的局限性

传统分散教学模式主要注重基础知识的传授，忽视对学生知识的整合和应用能力的培养，这容易使学生陷入碎片化的学习状态，难以形成系统性的学科认知。

2. 学科兴趣与创新能力的欠缺

分散教学模式往往难以激发学生对学科的浓厚兴趣，导致学生的学科创新能力发展受到限制，难以满足当今社会对综合能力的需求。

（二）大单元教学模式的成功经验

1. 学科整合能力的培养

大单元教学模式将知识融入整体教学框架，促使学生形成更全面、系统的学科认知。这种整合性的教学模式使学生能够更好地理解学科的内在联系，培养学科整合能力。

2. 学生创新能力的提升

大单元教学模式通过强调实践、探究等环节，激发学生的学科兴趣和创新能力。学生在整合性学科学习的过程中，更容易产生对知识的探究欲望，从而提高创新能力。

（三）教学模式创新的关键性

1. 学科整合能力的核心竞争力

当今社会要求学生具备跨学科的整合能力，而大单元教学模式正是在这一点上取得了显著的成功。教学模式的创新成为培养学生学科整合能力的关键性举措。

2. 推广大单元教学模式的重要性

鉴于大单元教学模式在培养学生学科整合能力方面的成功经验，因此，其推广具有重要的现实意义。这需要教育工作者更广泛地关注和推崇这一模式，实现教学模式的创新。

二、学科交叉融合的优势

（一）大单元教学模式中的学科交叉融合

1. 学科之间的有机结合

大单元教学模式通过整合不同学科的知识，使语文学科与其他学科之间形成有机的联系。这有助于打破学科之间的界限，促使学生形成全面的知识体系。

2. 新思路对课程设计的启示

大单元教学模式的成功实践为未来的课程设计提供了新的思路。教师应更加重视学科之间的交叉，引导学生从跨学科的角度去认知和理解知识。

（二）促进学生全面发展的重要性

1. 综合素质的培养需全面发展

学科交叉融合不仅关注语文学科的发展，还注重与其他学科知识的融合，有助于培养学生的综合素质，为学生未来全面发展奠定了坚实基础。

2. 培养学生的跨学科思维

学科交叉融合的模式能够培养学生的跨学科思维，使学生具有解决问题的能力，在未来面对复杂问题时具备更强的应变能力。

三、学生参与感的重要性

（一）大单元教学激发学生参与感的机制

1. 教学设计的灵活性

大单元教学注重学生的主动参与。通过灵活的教学设计，引导学生参与课堂活动，给予学生更多的自主性。

2. 个性化需求的关注

大单元教学模式更加关注学生的个性化需求。教师充分考虑学生的兴趣和学科发展方向，从而更好地激发学生的学习动力。

（二）学生参与感对教育实践的启示

1. 提高教学效果的关键因素

学生参与不仅是提升课堂氛围，更是提高教学效果的关键因素。教师应注重通过激发学生的主动性，提高整体教学质量。

2. 个性化教学的迫切需求

学生的参与提示教师在教学设计中要更加注重个性化教学，满足学生不同层次的需求，从而更好地引导学生参与学科学习。

第三节　对未来研究的建议

一、大规模实践的可行性研究

（一）教育资源的调配

1. 教育资源配置的优化

深入研究大规模实践中的教育资源配置问题是未来教育研究的一个重要方向。在此领域，教师应重点关注包括教材、师资、技术支持等多个层面的资源配置，以全面了解资源的分配和利用情况。通过调查不同地区和学校之间的资源差异，可以深入挖掘导致这些差异的原因，并提出切实可行的优化配置方案。

在教材方面，研究不同学科、不同年级的教材使用情况，分析教材对大单元教学的适用性和支持程度，通过比较研究，确定哪种类型的教材更符合大单元教学的特点，为未来的教材编写提供指导。

师资是教育资源中至关重要的一环，教师可以关注不同学校的教师队伍情况，包括教育背景、专业素养等方面的差异。通过深入分析教师在大单元教学中的角色和需求，提出培训和支持计划，提高教师在大单元教学中的水平和积极性。

技术支持是现代教育中不可或缺的一部分，研究时可以重点考察学校在信息技术设备、网络支持等方面的投入与利用情况。通过评估技术支持的水平，

为学校提供合理的技术更新建议，以更好地支持大单元教学。

2. 教育政策的支持

在大规模实践中，教育政策的制定和支持对于推广大单元教学模式起着至关重要的作用。通过深入分析教育政策在实际推广中的实施情况，可以全面了解政策对大单元教学的影响和作用机制。

首先，政策调研可以关注不同地区和学校对大单元教学的政策支持程度。通过比较研究，可以确定哪些政策更有效地促进了大单元教学的推广，为其他地区提供可借鉴的经验。

其次，深入了解政策对学校和教师的激励机制。政策是否提供了奖励和支持，鼓励学校和教师积极尝试大单元教学，是需要研究的一个重要方面。通过了解政策对于激励机制的设计，可以为未来的政策调整提供建议。

再次，政策研究还应关注政策在资源配置上的作用。政策是否为大单元教学提供了必要的教材、培训、技术支持等资源，是影响大单元教学实施效果的重要因素。教师通过对政策资源分配的研究，可以提出更合理的资源配置建议，提高大单元教学的可行性和实施效果。

最后，通过深入分析大规模实践中政策的制定和执行过程，教师可以提出具体的政策建议，更好地支持和促进大单元教学的推广。这样的研究将为政策制定者提供科学的决策依据，确保政策的有效实施，从而更好地推动教育改革和创新。

（二）大规模实践的执行策略

1. 教师培训与支持

在大规模实践中，教师培训与支持是推广大单元教学模式的关键环节。深入研究教师培训的有效性，需要着重设计适应大单元教学的培训模式，确保教师在实践中能够充分理解和应用新的教学理念。

首先，教育研究可以注重不同类型的教师培训对于大单元教学的影响。教师通过定量和定性研究，可以评估不同培训方式的效果，包括短期培训、长期培训、集中培训等。通过比较研究，找出最适合大单元教学背景的培训模式，为教师提供更加有效的专业发展机会。

其次，研究可以关注培训内容的具体设计。培训内容需要全面涵盖大单元教学的理念、方法、课程设计等方面，确保教师具备全面的知识体系。同时，培训还应注重实际操作，提供具体案例和教学实践的机会，使教师能够在培训中获得实质性的经验。

最后，研究应该关注激发教师对新教学模式的积极态度。这可能涉及心理学的研究，通过深入了解教师的期望、动机和心理障碍，提供有针对性的心理支持和激励手段。通过建立积极的培训氛围，可以提高教师对大单元教学的接受程度，增强其在实施中的信心。

总之，深入研究教师培训与支持，设计适应大单元教学的培训模式，有助于提高教师在实践中应对新教学模式的能力，促进大单元教学的更广泛推广。这种研究对于教育体系的改革和教师专业的发展都具有积极的实践价值。

2. 学生参与反馈

在大规模实践中，学生的参与度和反馈对于评估大单元教学的有效性至关重要。通过关注学生在实践中的参与度和对大单元教学的反馈，教师可以更全面地了解学生的实际需求，为教学提供更加科学的改进方向。

首先，通过调查问卷的方式，可以定量地了解学生对于大单元教学的态度和看法。问卷可以涵盖学生对于教学内容、教学方法、学科整合等方面的评价，以便更准确地分析学生的感受和需求。教师通过分析问卷结果，可以识别出学生普遍认同的教学亮点及需要改进的方面。

其次，通过深入的访谈，可以获取更为详细和深入的学生反馈。访谈可以涵盖学生对于大单元教学体验的主观感受、学科学习的动机和期望等方面，从而更好地理解学生在实践中的真实感受。通过访谈，教师可以捕捉到学生的情感体验，为优化大单元教学提供更为个性化和精准的建议。

最后，关注学生的实际参与度也是重要的研究方向。教师通过观察学生在大单元教学中的活动参与、问题解决等方面的表现，可以更直观地评估教学的互动性和学生的主动参与度。这有助于识别出教学中可能存在的亟待解决的问题，为教学设计和改进提供实践基础。

总体而言，深入关注学生的参与度和反馈，结合定量和定性的研究方法，将为大单元教学的优化提供全面的信息支持。这种研究有助于更好地理解学生在实践中的真实需求，为大单元教学提供更为科学的改进策略。

二、多元文化背景下的适用性考察

（一）文化差异的影响

1. 不同文化背景下学生的特点

深入研究不同文化背景下学生的学科学习特点，分析不同文化对于大单元教学的接受度，为制定在多元文化环境中的教学策略提供理论支持。

2. 教学模式的本土化调整

研究如何在不同文化背景下本土化调整大单元教学模式，使之更符合学生的文化认知习惯。通过比较实证研究，为全球范围内的教育实践提供具体的操作方案。

（二）跨文化交流的机制

1. 国际合作与经验分享

通过国际的合作研究，促进大单元教学模式在不同国家和地区的交流。通过经验分享，形成共同的教学理念，推动国际化教学模式的发展。

2. 跨文化教学案例的建构

构建跨文化的大单元教学案例，深入研究大单元教学在跨文化环境下的应用效果。通过案例分析，为未来的跨文化研究提供实证依据。

通过以上建议，未来可以在深入挖掘大单元教学机制、大规模实践的可行性，以及多元文化背景下的适用性等方面展开更为细致和全面的研究，为教育实践提供更有深度和广度的指导。

参考文献

[1] 芮琼.清晰目标丰富路径强化联系——小学语文单元整体教学设计的实践与思考 [J].江苏教育研究，2017：55-58.

[2] 胡晓山.语文单元教学误区谈 [J].语文教学与研究，1996（04）：42.

[3] 吴永军.教育改革要警惕"概念化"倾向 [J].教育研究与评论（中学教育教学），2020（04）：1.

[4] 毕英春.小学语文"大单元教学"的策略与思考 [J].江西教育，2020（3）：68-70.

[5] 孟亦萍.大单元教学：实现教学设计与学科素养的有效对接——以统编教材三年级上册习作单元为例 [J].语文建设，2020（4）：9-14.

[6] 钟启泉.单元设计：撬动课堂转型的一个支点 [J].教育发展研究，2015（24）：1-5.

[7] 戴晓娥.情境　任务　活动——指向语文素养的大单元教学探索 [J].基础教育课程，2019（10）：7-11.

[8] 戴晓娥.大单元　大情境　大任务——统编语文教科书"新教学"设计与实践 [J].语文建设，2019（08）：9-14.

[9] 秦艳.指向学生言语实践活动的大单元教学——统编教材四年级下册第六单元设计与思考 [J].语文建设，2020（4）：4-8.

[10] 郭跃辉.基于文本解读的"大单元教学设计"——以统编教材七年级上册第二单元为例 [J].语文建设，2020（01）：40-43.